# 가슴으로 듣는 소리

2016 · 제19집

(사)창작수필문인회

# 깨어있는 삶으로

문학 활동은 깨어있음을 의미합니다. 작가들은 글 쓰는 스트레스를 산고처럼 받아들입니다. 이러한 과정이 내게 주어진 삶을 사랑하는 방법이라고 생각하기 때문일 것입니다. 작품 활동을 통해 지나온 삶을 반추하면서 끊임없이 자신을 다지는 과정이라고 봅니다. 그 속에서 또 다른 세계의 아름다움과 사랑을 발견할 수 있기 때문입니다.

동인지는 지난 2년 간 우리 회원들의 삶의 한 부분을 투영하고 있다는데 그 가치를 찾고 싶습니다. 1990년 제1집『조용한 변신』이후 올해로 19번째, 성년 동인지를 발간하는 감회가 새롭습니다.

문학을 사랑하는 회원 모두가 늘 깨어있는 삶으로 살아갈 수 있기를 기원하면서 소중한 글을 보내어주신 분들께 깊이 감사드립니다.

먼 길을 오가며 출간에 애써주신 공화순 출판위원장과 편집위원들의 노고에 감사드리며, 정성스레 책을 만들어주신 도서출판 우희정 대표께도 고마움을 전합니다.

2016년 12월

사단법인 창작수필문인회 회장 이봉길

▷ 차 례



## 1장

## 2장

## 3장

## 4장

## 5장



## 작고문인 유작

# 북창(北窓)

오창익
changessay@hanmail.net

남쪽으로만 창을 내고 살겠다던 시인이 있었다. 쏟아지는 햇빛, 푸른 초원을 마음껏 바라다보기 위해서다. 하지만 나는, 그늘진 북쪽에다 창을 내달고 먼 하늘만을 건너다보며 산다. 그렇다고, 맑은 햇빛이나 푸른 초원이 싫어서가 아니다. 그것만치나 아깝고도 소중한 고향을 그쪽 하늘 밑에다 두고 왔기 때문이다.

'胡馬依北風(호마의북풍)이요, 越鳥巢南枝(월조소남지)'란 옛 시가 있다. 잡혀 온 말이나 쫓겨 온 새도 고향 쪽으로만 머리를 두고, 깃 또한 튼다 함인데, 북으로 창을 낸 실향민의 마음인들 그와 무엇이 다르랴. 가고 싶으면 가고, 오고 싶으면 언제라도 올 수 있는 사람들은 창을 통해 고향을 보는 마음이 어떤 것인 줄을 알지 못한다.

어디 창문뿐이랴. 피난 살림 30년이 넘도록 서울 북쪽 변두리를 단 한 번이라도 떠나 본 적이 없는 고집스러운 나의 제한 주거(住居), 그 또한 예외는 아니다. 직장이야 동서남북 어디라고 가릴 바가 아니지만, 당일 코스의 산행(山行)이나 조행(釣行)도 으레 북한산 주변이거나 임진강가의 크고 작은 저수지가 아니던가. 강남보다 덜 붐비는 호젓함 때문도 아니요, 융단을 펼친 듯 곱게 단장한 통일로의 코스모스 꽃길이 좋아서도 아니다. 그렇다고, 누군가의 넋살처럼 통일의 종이 울리면 한 걸음이라도 먼저 앞장서서 달리려고 그러는 것도 아니다. 놓친 붕어를 꼭 잡고야 말겠다는 고집이기보다는, 언젠가는 지나다가 다시 물어 줄 수도 있으리라는 기대 때문에 자리를 못 뜨는 낚시꾼의 미련과도 같은 것, 가물가물한 기다림 그 때문이다.

그러니까, 갔던 곳을 가고 또 가는 내 고독한 산행이요 조행이지만, 그건 언제라도 왁자지껄 떠날 수 있는 행복한 사람들의 고향 나들이에도 비길 수 있다. 해서, 햇빛이 쏟아지는 넓은 초원을 마냥 쉽게 받아들일 수 있는 남창보다는, 어둡지만 그리 쉽게 포기하고 돌아서지 못하는 하늘을 위해, 그 하늘 밑의 소중한 기억들을 오래오래 붙들어 두기 위해 나는 북쪽으로 창을 트고 산다.

임진강 가, 경의본선(京義本線)이 동강이 난 지점에 '철마는 달리고 싶다'란 표지판이 서 있었다. 한때는 그 표지판 앞 잔디밭에다 떡국을 끓여 놓고, 내 어린 딸애들은 생전에 한 번도 뵌 적이 없는 북쪽 할아버지, 할머니에게 눈을 감고 새해 세배를 드리곤 했다.

"세배받으세요. 큰손녀딸 지연이에요…."

하지만 그 딸애가 커서, 어느새 남의 아내가 되어 지금은 어엿한 아기 엄마가 되질 않았는가. 그 사이 표지판도 풍우에 씻겨 글씨조

차 알아볼 길이 없어지고.

풍우에 씻긴 것이 어찌 글씨뿐이랴. 그 철길을 따라 동상을 입은 언 발을 질질 끌며 남하하던 기억에도 녹이 슬어, 지금은 볏짚 낟가리 속에서의 새우잠도, 폭격에 풍비박산이 되어 같이 오던 누나를 잃고 눈보라 속을 헤매던 배고픔도 모두 꿈속의 일인 듯 가슴에 와 아리게 닿질 않는다. 뿐인가. 드럼통에 매달려 대동강을 건너는 나에게, 꼭 살아 돌아오라고 흔들어 주던 어머니의 옥양목 손수건도 아지랑이처럼 멀기만 하다.

세월 탓이다. 이도 저도 볼품없이 초라해진 내 나이 탓이다. 얻기는 어렵고 잃기는 쉬운 게 세월이라 하더니…. 꼭 그래서만은 아니지만, 7년 전 내 손수 설계하여 집을 지을 때 북쪽으로 창을 하나 달아내게 한 것은, 어이없이 고향을 잃고 오듯 남은 세월마저 속절없이 놓치기가 억울해서였는지도 모른다. 흘러가는 세월의 발자국 소리야 말로 귀보다는 눈을 감고 마음을 기울여야 알아듣는 법, 햇빛이 쏟아지는 환한 창가에서야 어디 엿들어 보기라도 하겠는가.

그러니까. 남창이 한낮이라면 내게 있어 북창은 늘 고요한 한밤중이다. 가고자 하면 언제라도 훌쩍 떠날 수 있는 운좋은 사람들의 넓고 시원한 고향길이 남창이라면, 북창은 나와 같은 실향민이 조심조심 세월을 거슬러 되돌아가는 좁고도 굽은 길이다. 하지만 그 길은, 붙잡기만 하면 언제나 마음이 편해지는 어머니의 손때 묻은 치마끈과도 같은 오솔길인 것을….

그러기에 지친 마음으로 가까이 가면, 한동안 어지럽기는 하지만 이윽고는 맑은 물과 시원한 바람으로 다시 씻겨 새 돛을 달아 주는 아늑한 포구(浦口), 그게 나의 북창 언저리다. 더러는 아픈 상처를 만져도 주고, 이글거리는 노여움도 삭혀 준다. 어쩌다는 잊고 살았던 내 심장의 박동소리가 아직은 젊게 뛰고 있음에 새삼 놀라고 감사하기도 한다. 그래서 아침저녁, 때로는 늦은 밤에라도 다가서 보는 북창 가. 살아왔음에 대한 요행보다는 끝내 살아남아야 하는 이유로 하여 나는 늘 그 앞에서 정직해지고 새로워진다.

소나무로 테를 둘러 터놓은 좁은 공간, 비록 한 평에도 못 미치는 창문이지만 내게는 그 어떤 명품이나 고가의 보석으로도 바꿀 수 없는 귀한 존재다. 대를 이어 아이들에게, 그다음 세대까지라도 소중한 가보이듯 길이 전해지고 지켜졌으면 하는 바람도 없지 않다. 호마(胡馬)나 월조(越鳥)에 버금가는 실향민의 아픔으로, 간절한 기다림으로.

지금은 한란(寒蘭)의 계절. 마침 열 송이가 활짝 피어 고향 가는 기러기인 듯 날갯짓을 하기에, 나는 북창 가까이 그 화분을 옮겨 놓는다.

# 1장

# 나의 2월은

金貞義
writer17@hanmail.net

2월은 퍽 애착이 가는 달이다. 날수가 하루, 이틀 모자란대서 갖는 느낌만은 아니다. 달마다 색깔이 있고, 나름의 매력이 있지만, 내게 희락과 비애를 함께 안겨준 2월은 인생을 함축해 놓은 것만 같아서다.

2월은 24절기 중 첫째인 입춘(立春)이 시작되는 달이다. 어느 시인은 이때를 '딱딱한 생각 녹이고, 고운 말씨 필요한 때'라고 했다. 태양은 이미 봄을 향해 방향을 틀었지만, 날씨는 여전히 쌀쌀하고 을씨년스럽다. 더러는 눈발이 날리기도 한다. 이렇듯 어정쩡한 2월의 색깔은 진회색에 연두가 섞였다고나 할까. 캄캄한 자궁 속에 잉태된 생명의 연둣빛. 그래, 봄을 품은 2월은 겨울의 끝자락이지만 생명의 기운이 꿈틀거린다. 매서운 바람이 핥고 지나간 산자락 검불 속에선 어느새 노란 복수초가 언 땅을 뚫고 고운 얼굴을 내민다. 꽃망울 부푼 매화도, 동백도, 만개를 서두르고 있다.

오래전, 고향집 사립 옆의 두 그루 거뭇한 살구나무 위로 음력 2월 열나흘 달이 휘영청 밝은 밤, 어머니는 날 낳으셨다. 삼남 삼녀의 막내로 내가 태어나던 그날 밤, 40세의 가장인 아버지는 처음으로 당신 이름의 논문서를 들고 희색이 만면하여 들어오셨다니…. 할머니께선 왜 그리도 내 머리를 쓰다듬으며 복 털 박힌 강아지라고 예뻐해 주셨는지 알 듯하다. 가난한 농가 마을, 일제의 수탈 속에서도 빠짐없이 차려주셨던 유년기의 내 생일상을 잊을 수가 없다. 따끈한 안방 윗목의 자그만 도리소반 위엔 흰쌀밥 한 그릇과 미역국 한 대접, 그리고 간장 종지가 올려있었다. 그게 전부였지만, 어린 마음에도 존재감으로 뿌듯했다. 할머니는 손주들의 생일상 앞에서 두 손을 싹싹 비비며, 명 길고 복 많이 받으라고 중얼중얼 많이도 빌어주셨다.

나는 양가 부모님의 뜻에 따라 결혼식도 2월에 올렸다. 실은 따스하고 파란 5월이 좋아서 오월의 신부가 되고 싶었지만, 27세와 29세는 노처녀 노총각이라고 어르신들은 서둘러 2월 28일로 날을 잡았다. 순백의 공단 드레스에 길게 늘어뜨린 초록빛 아스파라가스를 들고서 예식을 마치고 나오니, 밖엔 흰 눈이 축복의 떡가루처럼 깔려 있었다. 그렇게 새 가정을 꾸렸지만 2월처럼 어설펐다. 신혼부부는 서로의 직장 관계로 주말에나 새 이불을 함께 덮을 수 있었다. 그래도 전주의 단칸 셋방은 아늑하고 따스했다.

차츰, 아이들이 태어나면서 가정의 모든 것은 애들 위주로 바뀌었다. 부모님이 챙겨주시던 우리부부의 음력 생일도 호적에 올라있는 양력생일로 지키게 되었다. 아이들 생일을 양력으로 챙기니, 그들이 기억하기 좋도록 하자는 의도였다. 푸른 5월을 좋아하는 나는 공교롭게도 호적상의 내 생일이 5월 5일이니, 미련 없이 그날로 생일을 바꾸었다. 어린이날인 그날은 공휴일이어서 가족이 함께 나들이하며 힘 안들이고도 알차게 나의 생일을 챙길 수가 있었다. 어머니께서 차려주셨던 음력 2월의 생일은 그렇게 아스라이 잊힌 거라 여겼다.

그런데 부모님이 돌아가신 어느 해부턴지 황혼의 작은언니가 용케도 음력 2월 열나흘이면 나를 불러내어 축하금봉투를 살짝 내 호주머니에 찔러 넣는 게 아닌가. 그때마다 언니의 뜨거운 사랑에 가슴이 뭉클했다. 아마도 내 뇌리엔 유년의 생일상이 그리움으로 짙게 새겨 있었던가보다. 지금 병상에 계신 언니마저 떠나시면, 휘영청 달 밝은 나의 옛 생일도 이 땅에선 잊힐 것이다. 쓸쓸해진다.

나의 결혼 20주년 무렵의 2월 마지막 날, 50세로 접어든 막내 오빠가 세상을 뜨셨다. 누구보다도 야망이 크고 의협심 많던 오빠는 우리 집안의 유망주였다. 소녀시절 오빠가 들려주던 위인들의 이야기는 어린 가슴에도 희망의 불길이 솟게 하였다. 깊은 슬픔을 안기고 떠난 오빠, 잊지 못할 오빠의 기일인 2월 28일은 나의 결혼기념일이기도 하여, 희비가 함께한 날이다. 그날 황혼녘이면 우리 내외는 노란 프리지어에 흰 안개꽃 섞은 추모의 꽃다발을 들고 오빠댁으로 갔다. 그러하기 10년이 되던 이른 봄, 오빠의 숨결이 밴 정든 집이 신축을 위해 헐렸다. 그때까지도 오빠의 이름 세 자는 주인 없이 대문 옆 붉은 벽돌담장에 그대로 붙어 있었다. 내가 눈시울 적시며 쓴 '주인 없는 문패', 나는 이 글로 창작수필 신인상을 받고 수필 가족이 되었다. 그도 24년 전 2월의 일이었다.

세월 속에 아이들은 자라서 저희들 둥지로 떠났다. 단풍빛으로 물들어가는 부부만의 홀가분한 15년이 흘렀다. 2013년 2월, 우리 부부는 결혼 50주년인 금혼을 맞게 되었다. 자녀들은 부모의 여행 계획을 짜고, 엄마 아빠는 설렜다. 하지만 사람의 일이란 게 어디 계획한 대로, 뜻대로만 되던가. 여행을 앞둔 건강검진에 남편은 어이없게도 위암 판정을 받았다. 우리는 곧장 병원으로 달려갔다. 금혼기념일을 바로 이틀 앞둔 2월 26일, 대수술을 받은 남편은 일 년을 잘 이겨냈다. 그리고 수술 2년째가 되는 2월 직전, 둘이 함께한 지 51년을 한 달 앞당겨 그는 하늘나라로 떠났다.

뒤돌아보니, 내가 2월 속으로 걸어 들어간 게 아니라, 언제나 2월이 나를 끌어안았던 것 같다. 출생, 결혼, 수필 쓰기, 아픔, 이별… 내 삶의 알맹이는 모두 2월 속에 들어있다. 인간의 행, 불행을 관여하는 하늘의 섭리인가. 2월은 내게 사람의 한 평생을 축소해 놓은 것만 같다. 그래서 나의 2월은 한층 애틋하고, 애잔한 달이기도 하다. 짧고 아쉬운 인생처럼….

# 버리지 못하는 꽃

김순재
sjae3515@hanmail.net

몰아치는 한파와 폭설로 온 세상이 꽁꽁 얼어붙었다. 날씨 따라 사람 마음까지 을씨년스러워진다. 꽃가게 앞을 지나다가 기분이 밝아질 것 같아서 치자색 장미꽃 한 송이를 샀다.

셀로판지에 싸서 주는 장미를 받아 들고 "아주머니도 꽃처럼 예뻐요." 화사하게 단장한 꽃집 주인을 칭찬했더니 답례로 프리지아 두 줄기에 안개꽃 한 줄기를 얹어 따로 싸서 준다.

프리지아는 침실에, 장미는 목이 긴 칵테일잔에 꽂아서 거실에 두었다. 프리지아는 방에 들여놓자마자 움츠렸던 꽃잎을 펴서 짙은 향기를 발산한다. 향기가 나의 어느 부분을 자극하는지 기분이 좋다.

그날 밤 프리지아 향기를 맡으며 달콤하게 잠이 들었다.

사흘째 되는 날, 프리지아가 향기를 뚝 그쳤다. 아름답게 피어나기를 기대했던 장미는 봉오리인 채로 말라가고 있다. 오래 두고 볼

셈으로 봉오리로 골랐는데, 피지도 못하고 말라 간다. 갑자기 바뀐 덥고 건조한 환경이 독이 된 것이다. 어쩌다 비닐하우스 겨울꽃으로 생겨나서, 타고 난 미모도 명예도 누리지 못하고 내 집에 와서 죽어가는 운명. 프리지아는 향기라도 발산해보았지. 피어보지도 못하고 말라가는 장미가 애달파서 부엌 창가에 옮겨놓고 마음을 준다. 거실보다 습기가 많을 테니 행여 피어날까 해서.

내 바람에 보답이라도 하듯, 장미가 안간힘으로 겉잎 한 장을 피웠다. 몸은 피워내지 못하고 간신히 꽃잎 끝만 펴서 뒤로 젖혔을 뿐이다. 그러나 그 불구의 개화과정이 얼마나 처참했던지 꽃받침이 뒤집히고, 하얀 배꼽이 드러나고, 꽃잎 가장자리가 중병 앓은 입술처럼 새까맣게 탔다. 내가 멋진 잔에 꽂아놓고 즐기는 사흘 동안, 그는 악조건과 맞서 사투를 치른 것이다. 그러고서 실낱같은 힘을 모아 저 모양으로 개화를 했다.

나는 집에서 기르는 화초에 정을 붙이면서부터 문득문득 그들에게도 사람이 알 수 없는 신비한 세계가 있으리라는 생각을 한다. 사람과 똑같이 육체의 고통을 느끼며, 삶에 대한 욕망과 환희가 있을 것이라고. 저 지경이 될 때까지는 생명을 포기하고 싶은 충동이 수없이 일었으리라. 그러나 끝까지 포기 하지 않고 불구로나마 피어난 장미. 저건 살고자 하는 욕망도, 자포자기도 아닌, 부여받은 생명에 대한 최선의 수행(遂行)이다.

내 기억 속에는 장미보다 더 아픈 또 하나의 감동이 자리하고 있다. 서울에서 수원으로 옮겨올 때, 여러 사정으로 살던 집을 한 달여 비워놓게 되었다. 그때 수년 동안 기르던 알로에 분(盆)을 베란다에 두고 왔다. 모종을 얻어다가 저만큼 키워놓고 가버린 사람을 보는 것 같아서 싫기도 했지만, 물을 줄 때마다 느끼는 우울한 감정에서 벗어나고 싶었다. 돌보지 않으면 자연스레 죽겠지 여기며 떠났는데, 한 달 후에 와보니 꽃대를 길게 올려서 꽃을 피우고 있지 않은가. 폭염이 내리꽂힌 삼복더위에.

그러나 거기, 유리창 볕이 창백하게 들끓는 밀폐된 공간에 있는 것은, 찬란한 개화가 아니라 극한의 환경에서 꽃을 피운 처절한 고통이었다. 화분의 흙은 굳을 대로 굳어 돌덩이같이 변했고, 생기 왕성하던 잎은 기근으로 숨져간 소말리아 아이처럼 사지가 뒤틀려 있었다. 손을 대면 바스락 가루가 될 것 같은 비참한 육체. 그건 바로 고통의 실체, 그 현시(顯示)였다. 그런데도 꽃대를 떨어내지 않고 한 방울 물이라도 남았을까 빨아올리고 있었다. 그때의 충격이라니. 생명을 끝까지 수행하려는 알로에의 무구(無垢)한 고통 앞에서 내 온 몸 세포가 경련을 일으키는 것 같았다.

뜨거웠던 그 순간을 생각하면 생명 가진 존재의 비애가 내 안 깊숙이에서 울컥거린다. 살고 싶다 해서 살아지는 것도, 죽어라 해서 죽어지는 것도 아닌, 그러나 한 가지로 죽음이란 끝점을 향해 가는 생명. 그것을 두고서 그리도 치열하게 바위덩어리를 밀어 올려야 하는 존재들. 꽃이 그렇고, 사람이 그렇고, 생명 가진 모든 존재가 그렇다. 한 알 씨앗이 떨어져 청청한 나무가 되기까지, 강변 자갈밭에 떨궈 품은 물새알이 깨어나서 강물로 날아들기까지, 유영하는 물 속 어류며 땅 밑 벌레까지, 어떤 위험과 고통에서 탄생하며, 어떤 절망과 죽음의 벽을 넘으며 생명을 유지해 가는가. 만물의 영장이라는 사람은 또 어떠한가.

오늘, 고향 소꿉친구가 바다에 몸을 던졌다는 비보를 받았다. 호

수 같은 해변을 거닐며 낭만에 취어지고 꿈에 부풀었던 우리. 그 푸른 해원에다 몸을 던졌다. 서른 중반에 홀로 되어 온갖 풍파 견디며 어린 자식 셋을 성가시킨, 이제 안락한 노후를 누려야 하는데. 외롭고 힘든 많은 세월을 견뎌내고서도 마지막을 포기해버린 친구. 뻔한 결말이 전재된 그 길을 가려고 애써 나고 사는 존재들이 슬프다.

그렇다 할지라도 울어버려서는 안 된다. 생명 가진 존재의 비애가 유혹할지라도 울어버려서는 안 된다. 사람이 산다는 것은 기쁨과 행복만이 아니고, 수많은 고통과 절망과 회의를 끌어안고, 그 속에서 사람의 길을 찾으며, 그 길을 인내하며 가는 것이다. 불구로나마 피어난 엄동의 장미. 밀폐된 공간 거기 알로에. 생명의 꽃은 울어버리는 자리 그 너머에서 핀다. 그리하여 값진 자랑이 되는 것이다.

프리지아와 안개꽃을 장미를 꽂아놓은 꽃병에 함께 꽂는다. 마르고 너절하여 산뜻했던 처음 모습들은 찾을 길 없다. 그러나 운명을 거절하지 않고 최선을 다하여 이룬 모습이기에 아름답다고 하면 잔인한 표현일까.

그렇게라도 오래 두고 보려 했더니 프리지아 꽃이 떨어져 창틀에 쌓인다. 순백으로 아련하던 안개꽃이 부서져 가루처럼 쌓인다. 장미는 춘희처럼 죽어간다. 벌써 버렸어야 할 꽃이다. 그러나 아직 물기 가시지 않은 꽃잎이 남아있어 버리지 못한다.

# 원앙금침

김명원
kimmo@naver.com

경칩도 지나고 춘분이 다가왔다. 앞뜰에는 노란 산수유꽃이 피기 시작했다. 겨울 동안 얼어붙었던 대지가 녹아내리고 새봄을 찬미하는 기운이 매화꽃 향기로부터 퍼져 나온다. 겨울동안 입었던 두툼한 의복도 봄옷으로 갈아입었다. 완연한 봄 날씨다. 밤늦게 잠자리에 들려는데 집사람이 이부자리가 덥지 않느냐 하며 봄 이불로 바꾸자고 한다.

겨울 동안 덮고 잤던 두터운 이불이 덥게 느껴졌기에 그러자고 했다. 옆방 장롱에서 이부자리를 꺼내와 바꾸어 깔며, "이 이불은 시집올 때 마련해온 이불이야."라며 자랑삼아 이야기한다. 새로 깔아준 이불은 가볍고 포근하며 촉감이 좋았다. 철에 따라 솜만 새로 타서 갈아 끼우고 얄팍하게 마련하였기에 봄철에 이용하기는 안성맞춤이었다.

밤잠을 자주 설치는 나지만 바꾸어준 이불을 덮고, 다음 날 아침까지 화장실 한번 가질 않고 잘 잤다. 밝은 아침에 일어나 새로 덮어 준 이불을 유심히 살펴보았다. 어제 밤, 잠자리에 들기 전, 집사람이 시집올 때 마련해온 이불이라고 하던 말이 생각나서였다. 단잠을 곱게 재워준 이불은 원앙금침이었다.

유심히 다시 살펴보았다. 이불 양쪽 가에는 오색 줄이 수놓여 있고 상단 중앙에는 금관이 그려져 있으며, 금관 위에는 기쁠 희(囍) 두 자가 쌍둥이처럼 새겨있고, 양쪽에는 봉황과 목단 꽃이 금색으로 수놓여 있다. 금관은 높은 벼슬을 의미하며, 목단 꽃과 봉황은 화목하고 평화로운 가정을 바라는 의미이며, 기쁠 희(喜)자가 겹쳐있는 것은 기쁨이 배가 되라는 뜻으로 생각되었다.

아랫단에는 아름다운 원앙새 두 쌍이 수놓아 있고, 3단계 중앙에는 태극 문양의 용 두 마리가 원형을 이루어 감싸있으며, 아래 부분은 꽃사슴 두 쌍이 꽃밭에 뛰놀고 있다. 지상낙원을 상징하는 듯하다. 이 원앙금침은 빨강 바탕에 금·은색과 검정색으로 아름답게 채색되어 있고 이불 안은 명주 천으로 이루어져있어 촉감이 좋았다.

53년이 지난 이불이지만 지금도 색상이 변함없이 선명하다. 이렇게 깊은 의미와 정성이 가득 담긴 원앙금침을 반세기가 지나도록 덮고 자며 살아왔으나, 나는 아무런 의미를 느끼지 못하고 무심하게 지내왔다. 이제 팔순이 넘어서야 장모님의 깊은 사랑이 늘 우리 부부를 감싸고 있었던 것을 조금이나마 알 수 있을 것 같았다. 이렇듯 장모님과 아내의 정성이 담긴 이불을 27세에 결혼하여 팔순이 넘도록 살아왔지만 고마운 마음을 느끼지 못하고 무심하게 살아온 것이 후회스럽다.

시골 농촌에 살았던 나는 전통혼례에 따라 사모관대(紗帽冠帶)를 입고 예식을 올렸다. 조선시대 문무백관들이 입던 관복이다. 가슴과 등에는 네모진 흉배(胸背)를 붙였고 허리띠는 조복(朝服)의 대(帶)와 흰색 버선에 흑피화(黑皮靴)를 신었다. 이 사모관대는 마을의 전통 있는 집에서 보관하고 있었다. 혼사 날이면 여러 사람이 빌려다 쓰기에 남루했으나, 아주 귀하고 소중하게 간직해온 마을의 보물과 같은 혼례복이었다.

장가가던 날, 처갓집 마당에 꾸며진 초례청에는 돗자리가 깔려 있었다. 탁자 위에는 동백나무가지로 장식된 닭 한 쌍이 놓여 있었으며, 그 뒤로 병풍이 둘러있었다. 원래 궁중에서는 금슬이 좋은 꿩 한 쌍을 올려놓았다는데, 일반 사회에서는 꿩을 구하기 어려워 닭을 올려놓아 '꿩 대신 닭'이란 말이 여기서 유래된 것이 아닌가 생각되었다. 이 날 결혼식을 하고 단꿈에 젖었던 그 원앙금침이었다.

정성들여 마련해주신 원앙금침은 지금은 고인이 되셨지만 장모님의 정성이, 우리 부부가 잘 되기를 바라는 간절한 소망이 깃든 이불임을 새삼 깨닫고 돌아가신 장모님의 사랑에 감사한다. 우리 부부가 건강하고 행복하며 자식들도 잘 성장하고 있음은 모두가 장모님의 정성에서 연유함이라 생각할 때, 효도를 못한 장모님께 죄스러운 마음을 지울 길 없다. 그 깊은 뜻을 헤아려, 오랜 기간 소중하게 관리하고 사용해 온 아내의 정성도 고맙다. 새 이불을 깔아주며 "이 이불은 내가 시집올 때 마련해온 이불이야." 하며 덮어준 원앙금침을 반세기가 지나서야 새로운 마음으로 살펴보며 그 정성의 의미를 깨닫고, 덧없이 살아온 인생의 한 가닥을 후회하며 돌이켜 본다.

해묵은 사진첩에서 장모님의 낡은 흑백사진을 꺼내어 영정(影幀) 사진을 제작해 서재에 놓아두었다. 살아계실 때 하지 못한 도리를 뉘우치며 반성한다. 우리 부부가 잘 살도록 온갖 정성을 다해주신 천상에 계신 장모님!

"불효의 마음을 지울 길이 없습니다. 그 크신 사랑과 정성을, 나도 내 자식에게 기울이며 잊지 않고 이어가렵니다."

# 고양이에게 말 걸기

고길자
kiljako@hanmail.net

햇살 뜨거운 한낮, 빨아 널은 운동화를 뒤척이는데 '야옹'하는 소리가 들린다. 평소에는 아무리 불러도 도망치기 바쁘던 길고양이가 나를 부른 것이다.

이곳에 이사 오던 때부터 지금까지 봐온 고양이다. 대문도 울타리도 없이 사방이 열려있고 텃밭과 유실수 몇 그루에 정원이 있는 집. 여름이면 풀이 우거져 개구리와 뱀, 메뚜기, 파충류가 많아서인지 고양이들이 많다. 고양이들은 색깔도 가지각색이다.

흰색, 검정, 바둑이, 아무리 불러도 현관유리를 보며 지나칠 뿐이다. 또 테라스에서 낮잠을 즐기며 휴식을 취하다가 인기척이 나면 쏜살같이 도망치거나, 단잠을 깨워 못마땅하다는 듯 힐끔거리며 가는 놈도 있다. 또 가끔은 남편 카메라에 모델로 등장하기도 하는 놈들. 고고한 척 마르고 높고 마른자리만 찾아 앉는 고양이를 보면 조상이 전생에 귀족이었는지 모르겠다는 생각을 한다. 오늘은 바둑이소리가 자꾸 내 귀를 맴도는 것이 그 놈에게 무슨 일이 있나보다. 두리번거리며 주위를 둘러보니 바로 등 뒤 의자 아래서 다리를 쭉 펴고 누워 나를 본다. "왜 그래?" 하며 살펴보니 배가 홀쭉하니 들어가 있다. "배고프니?"라고 말을 걸을 때마다 길고 짧게 대답하듯 야옹소리를 낸다. 멸치 몇 마리에 밥을 가져다주었다. 크고 길게 고맙다는 듯이 "야옹"을 하고 맛있게 먹는다.

며칠 후 또 찾아와 빨래를 널고 있는 나를 보고 "야옹" 한다. "그래 왔어?" 하고 말을 걸었다. 나와 눈이 마주치자 뒤곁으로 가는 모퉁이에서 고개를 내밀고 나를 본다. 다가가면 숨고 다시 얼굴 내밀고 야옹하며 부르기를 몇 번, 숨바꼭질이 하고 싶었나보다. 모른 척하다 슬그머니 돌아가 보니 계단 옆에 누워 아이처럼 나를 본다. 점심때가 되어서다. 다용도실 앞에 앉아 나를 보며 야옹거리다 눈이 마주치자 그 소리가 점점 빨라진다. 점심준비를 하고 있는 내게 배고프다고 빨리 밥 달라고 하는 것 같아 보인다. '얼마나 배고팠으면 그처럼 도망만 치던 네놈이' 하고 중얼거리며 밥을 주었다. 밥을 다 먹고 나서도 가지 않고 "야옹야옹" 하며 나를 부른다. 남편이 "나비야" 하고 부르자 개가 꼬리치듯 꼬리를 흔든다.

꼬리를 흔드는 모양이 20년도 훨씬 전 잊어버린 진돗개 노랑이 생각이 났다. 우리말을 잘 알아들어 신문을 보지 않겠다고 하면 울타리 넘어오는 신문을 받아 찢어버리던 놈. 비 오던 날 밤 일하러 왔던 사람들의 실수로 잃어버린 미남 노랑이. 주위사람들이 그놈의

2세를 갖고 싶다던 생각을 하게 했다. 고양이에게 찌개국물에 밥 한 술 더 주었더니 다 먹은 후 내게 몸을 비비며 달려들어 애교를 부리기도 한다. 그리고 다리를 쭉 펴고 잠을 잔다. 사람이나 짐승이나 배가 부르면 식곤증이 오는 것 같다. 주위에서 쥐나 뱀을 잡아 먹어야 하는 고양이가 사람이 주는 것에 배를 불리면 게을러져 자신이 할 일을 잊는다고 말린다. 하루 종일 인기척만 나면 야옹하면서 나를 따라 다니는 고양이를 보니 그 말이 맞는 같다. 내가 게으름뱅이를 만드는 것 같아 먹이를 주지 않기로 했다. 먹이를 주지 않으니 힘이 빠져 있는 것 같아 짠하다. 그런데 힘없어 보이던 고양이가 갑자기 쏜살같이 달린다. 먹잇감을 보고 달리는 가 싶었는데 다른 고양이에게 쫓기고 있었다. 한참 후에 그놈은 어디가고 회색 얼룩이가 돌아와 당당한 모습으로 사방을 훑어보고 있다. 알고 보니 그 녀석은 늙어 젊은 고양이에게 쫓기고 있었다.

어디서 밤새 숨어 있다 아침 일찍 와 '야옹야옹' 부른다. 내 호위병처럼 나를 따라 다니기도 하고 제 몸을 비비기도 하면서. 세월에 장사 없다는 말은 사람에게만 있는 건 아니다. 이제는 가족처럼, 보이지 않으면 어디 가 있는지 궁금해 기다려지기도 하는 고양이.

# M과 W*

김종길
jgk4728@hanmail.net

M은 사지마비 장애인이다. 오른 검지만 작동할 수 있는 사람이지만 정신은 온전해서 휠체어를 탄다. 국가에서 마련해 준 고급 전동휠체어는 그를 세상과 연결해 주는 유일한 수단이다. 그가 지하철 안에서 역사로 하차를 시도하는 순간이었다. 휠체어는 밖을 향하여 비스듬하게 출발을 준비했다. 굴러가던 앞바퀴가 출입구 틈새에 걸리며 비상사태가 발생하였다.

뒤따르던 보호사 W는 기겁을 하여 앞바퀴를 들고자 하지만 75kg의 남자를 60kg여자가 혼자서 바퀴를 들어올리기는 무리였다. 순간 댓 명의 승객들이 달려 나와서 비상벨을 눌러주고 휠체어를 들어 주는 등 협조를 자청하였다. 세 사람이 들어주는 휠체어가 왼쪽에서 오른쪽으로 기울어지자 불안을 느낀 그는 타박하듯이, "에이, 그럼 안 되지!" 투덜거렸다. 도움을 주는 사람들이 잘못한다고 나무랐고 힘겹게 밖으로 나올 수 있었다. W는 도와준 분들에게 고맙다며 허리 굽혀 인사를 드렸다.

W는 분명히 밖으로 나갈 때 바퀴가 끼지 않도록 직각 방향으로 출발 준비를 하고 있어야 한다고 일렀는데 그는 말을 듣지 않았다. 투덜거리는 뻔뻔스러움, 도와준 분들에게 고마워할 줄 모르는 반응에 대해 그녀는 불쾌감을 느꼈다. 어쩌면 몇 번 유사한 경험을 하면서 이런 도움을 받는 순간을 즐기는 게 아닐까 하는 의구심이 들었기에 말을 듣지 않는 그가 미워졌다. 원칙을 사랑하는 W는 화가 났고 성격을 참지 못하고 참았던 분노를 직격탄으로 쏘았다.

"장애가 무슨 큰 벼슬이가. 와 시키는 대로 안 하는데."

그는 무시하듯 답하지 않았다. 그는 W보다 몇 살이 적은 쉰 살 노총각이다. W는 누나뻘로 결혼생활을 해봤고 자식도 있기에 누나로써 간호와 봉사에 자부심을 갖고 있었다. 그녀가 신경질이 늘어난 이유가 있었다. 다른 40대 여자 보호사가 5일씩 연속으로 교대근무를 시작한 이후로 M과 W 사이에 거리가 생겼기 때문이다. 그는 노골적으로 W에게 좋아하지 않는 눈치를 드러내곤 했다. W는 그가 몇 살이라도 젊은 여인에게 더 애착을 느끼는 모습을 가련하다고 생각했다. 그녀는 봉사의 가치와 경력을 따지자면 자신에게 비할 바가 못 되는 입장일 터, 그래 그건 내 생각일 뿐일 수도 있겠지.

어느 날, 그가 하루 중 두 번째 용변을 쏟아냈다. 지난 5개월 간 예수님을 모시는 마음으로 해치워 냈건만 투정을 하는 그에게 혐오를 의식하면서는 냄새가 더 지독스럽게 역겨웠다. 살찐 남자는 먹는 일만이 유일한 즐거움인지 먹성이 좋았고 변량도 많다. 하루에 두 번씩 배설하는 양은 만만치 않았다. 그 음식부터 자신이 도와주는 모든 일, 과정이 돈으로 환산되어서 국민의 세금으로 지원되고 있다는 계산도 했다. 한 달에 오백만원은 족히 되겠다는 생각에 치닫자 그가 더 미워졌다. 그가 하는 일이란 먹고 싸는 일이 모두로 보였다. 보살핌과 도움의 비용은 나라 세금에서 지불된다. 달마다 국민의 혈세가 샌다는 생각까지 치달았다. 마음이 갑갑해졌다.

하루는 변을 치우다가 하도 역하고 힘이 들어서 커피를 한 잔 마시고 싶어졌다.

"M씨, 커피 한 잔 더 먹어도 될까요?"

"내가 호구로 보여요? 아침에 먹었잖아요!"

갑자기 힘이 빠졌다. 마른하늘에 번개가 가슴 속을 훑었다. 백원짜리 커피를 구걸한 자신에게 역겨움이 솟았다. 동전 한 잎, 그 백배의 거부감이 가슴을 후려쳤다. 그가 내게 갑질을 하는 건 아닐까 기분이 묘해졌다. 몇 달 간 그를 위해 봉사해왔다는 자부심이 배설물에 오염된 기분이 되었다. 갖가지 힘들었던 순간이 뇌리를 지나갔다. 자신의 책무가 장애인을 돌보는 일이기에 밖으로 터뜨려서는 안 되던 일들이다.

그와 함께 월요일 장애인 모임에 참석하려면 외출준비가 복잡하다. 속옷부터 외출복까지 챙겨 입히기, 마지막 작업은 전동휠체어에 앉히기다. 일을 제대로 하자면 용을 써야 한다. 키는 비슷하지만 75 kg의 남자를 여자의 몸으로 앞에서 허리뒤쪽으로 끌어안고 뒤 벨트를 부여잡고 안아 올려서 의자에 앉히려면 비지땀이 절로 솟는다. 의자 끝에 앉히고 더 뒤로 깊숙이 앉게 하자면 좌로 우로 비뚤비뚤 당겨가면서 안쪽으로 당겨 들여앉힌다. 이마에 송글송글 땀이 밴다. 후~ 큰 숨이 절로 나온다. '봉사라니… 내가 순진했나?' 자책으로 한숨이 절로 솟았다.

아니, 정말 감사를 너무 모르는 그가 밉다. 어쩌다 나가면서 성당에 가는 걸 좋아하지도 않거니와 엊그제는 성당에서 왜 사람이 안 오느냐고 궁금해 하였다. 그가 기다리는 건 사람이 그리워서가 아니다. 성당에서 보태주는 성금 5만원의 돈이 그리운 게다. 봉사자가 이틀 늦었다. 다녀간 후에도 감사한 표정은 보이지 않았다. 정부나 성당에서 지원을 줄 때는 감사에 대한 교육도 시켜야 하는 거 아냐? 지원 자체는 당연하다는 느낌, 은근히 힐난하듯이 왜 기다리느냐고 이유를 따져 야박스럽게 이유를 캐고 싶었다. 내심 항복이라도 받듯이.

그는 젊은 여인, 보호사가 오는 날을 더 기다리는 눈치다. W는 속으로 빈정거렸다. 마비된 주제에 그래도 남자라고, 누나보다는 몇 살이라도 젊은 여인이 더 좋다는 게야? 그녀를 질투해 본들 이득도 없음에 혼자 쓴웃음을 지었다. 마비된 가슴에 안겨지는 젊은 여성의 가슴이 어떤 느낌이 있을까, 그게 더 좋다 해도 누가 말릴 수도 없을 일. 머리가 멀쩡하게 돌아가는 그가 왜 그걸 더 원하지 않겠는가. 퇴근할 때면 밤새 그가 배뇨하도록 비닐튜브로 소변길을 만들어 주어야 한다. 처음에는 요령부득으로 어쩌다가 거시기가 부풀어 올라 그 상태로 고정을 시켰다가 다음날 아침에 홑이불이 흠뻑 젖어버려서 새로 갈아주는 고역을 몇 차례 겪었다. 수동적 조작에 발기가 가능하다니 신기한 일이었다. 퇴근할 때는 손가락의 위치를 휴대폰을 조작할 수 있도록 조심스럽게 요구하는 걸 보면 그의 말 못하는 심정이 짐작되었다. 야동에 빠져서 통신비가 엄청 나오는 걸 보았기 때문이다. 가상현실을 즐기는 충실한 머리, 그 욕망의 작동을 중지할 수는 없을까. 그런 그에게 도덕적인 예의를 요구하며 스트레이트 펀치를 날렸으니 그가 좋아할 리가 없다. W는 젊은 여인에게 고객을 뺏긴다기보다는 그가 선택하는 권리임을 인정할 밖에 없었다. 다음날 W는 사무실에 전화하여 건강상의 이유로 다른 보호사를 구해주도록 요청하고 일을 접었다. 중년이 훌쩍 넘도록 나이를 먹고서도 자신이 남자를 아직도 모르고 있다는 납득을 하면서 스스로 순진한 도덕성에 매여 산 게 아닐까 의아했다. 사지마비장애자 M은 몸만 성인이 된 아기일지라도 욕망을 느끼기도 하는 '이중성의 키덜트**'가 살아 있음을 미처 몰랐던 게다. 그러면서 신명나게 쏘아부친 자신에게 나무랄 자격이 있느냐고 자문하였다.

하나 더, 남에게는 말하지 못하는 의문이 남았다. 이런 장애인이야말로 카프카가 '변신'에서 그렸던 '벌레'가 아닐까? 징그러운 벌레가 내 가족이라면 밉다고 유기할 수도 없으면서 미움 속에서도 도움은 계속할 수가 있을까?

*M과 W: M은 남자, W는 여자의 상징. 정신분석적 문헌에서 사용하기도 함.
**키덜트: 아이어른, 어린이와 성인(kid+adult)의 합성.

# 아낌없이 주는 나무, 참나무

김형도
hyungdokim@naver.com

우리나라 산을 덮고 있던 소나무 가운데 재목으로 쓸 수 있는 것은 거의 벌목된 데다가, 솔잎혹파리, 재선충 등 병충해로 인해 소나무 숲은 점점 줄어들고 있다. 그 뒤를 이어 참나무가 번창하고 있는데, 우리나라 산 어디에서나 볼 수 있는 참나무는 어느 한 종(種)을 지칭하는 것이 아니라, 참나무과 참나무속에 속하는 여러 수종(樹種)을 가리키는 명칭이다.

쓰임새가 많아 유용한 나무라는 뜻의 참나무는 도토리라고 불리는 견과(堅果)를 생산하므로 '도토리나무'라고도 한다. 겨울에 잎이 떨어지는 낙엽활엽수와 일 년 내내 잎이 지지 않는 상록활엽수가 있다. 산에 가면 흔히 볼 수 있는 참나무과 낙엽활엽수는 참나무아속에 속하며, 상수리나무 · 굴참나무 · 떡갈나무 · 신갈나무 · 갈참나무 · 졸참나무 등을 꼽을 수 있다. 참나무과 상록활엽수는 가시나무아속에 속하며 가시나무 · 종가시나무 · 붉가시나무 · 졸가시나무 등이 있다.

나무껍질에 타닌 함량이 많으므로 바닷가에서는 어망을 물들이는데 사용한다. 재목은 단단하여 쓰이는 곳이 많다. 떡갈나무 잎은 크고 두꺼우며 향기가 있어 농촌에서는 떡을 찔 때 사용하나, 일본에서는 떡을 싸는데 사용한다. 굴참나무에서 코르크를 채취하는데, 서양에서도 참나무는 포도주나 위스키 생산에 매우 요긴하게 사용한다. 술통을 참나무 목재인 오크(Oak)로, 술병 마개에 사용하는 코르크는 참나무 껍질로 만든다. 참나무에 맺히는 도토리는 보릿고개에는 식량으로, 출출할 때는 간식거리인 묵을 만든다. 그 맛이 꿀맛과 같다고 해서 '꿀밤'이란 별명도 얻었다.

참나무란 이름에는 재미있는 이야기가 따른다. 참나무의 '참'은 진짜라는 뜻이다. 수만 가지의 나무 중 왜 하필 참나무를 '진짜나무'라 불렀을까? 사실 참나무과 낙엽활엽수 여섯 종(種)은 아무리 살펴보아도 진짜나무에 걸맞은 모습이라 하기 어렵다. 아름다운 꽃을 피우지도 않고, 맛있는 열매를 맺지도 않고, 잎과 가지가 그렇게 예쁘지도 않다. 그렇다고 은행나무처럼 수억 년을 견딘 원시식물도 아니다.

그럼에도 '진짜나무'의 명성을 얻게 된 건 각별한 쓰임새가 있기 때문이다. 옛날 아궁이에 불을 지펴 밥을 짓고 난방을 할 때 필요한 땔감으로 참나무가 으뜸이었다고 한다. 도끼질하기가 쉽고, 잘 마르는 성질이 있어 불이 잘 붙는다. 속성 활엽수종으로 잎이 많은데다가 엄청 빨리 자란다. 매년 쑥쑥 자라 햇빛을 독차지하는 바람에 주변에 있는 소나무 등이 참나무 그늘에 가려 말라죽기도 한다. 그래서 가지치기와 솎아내기를 해줘야 하는 참나무는 땔감에는 제

격이다. 참나무의 학명인 쿠에르쿠스(Quercus) 역시 라틴어로 '진짜'란 뜻인 걸 보면 참나무는 동서양에서 주로 '진짜 나무'로 여겨졌던 것이 틀림없는 것 같다.

재미난 건 도토리는 과일이 아니라 그 자체가 씨앗이다. 사과처럼 열매 가운데 있는 씨앗을 과육이 감싸는 것과 다르다. 맛있는 과육이 없는 도토리를 누가 좋아할까? 망설임 없이 다람쥐라고 하겠지만 아니다. 사실은 멧돼지가 도토리를 가장 좋아한다. 가을이면 멧돼지들은 참나무 밑동을 머리로 들이받은 뒤 우수수 떨어진 도토리를 먹어 치운다. 그리고 멧돼지는 이산 저산 돌아다니며 제대로 씹지 않고 삼킨 도토리를 배설하는데, 이렇게 흩어진 도토리는 이듬해 봄 새싹을 돋울 수 있다. 도토리란 말도 돼지의 옛말인 '돋'에서 유래했으니 둘 사이가 얼마나 가까운지 짐작이 간다. '향약집성방'이란 옛 의약서에 도토리를 '돼지의 밥'이란 뜻의 저이율(猪夷栗)로 기록하기도 했다.

참나무 입장에서 다람쥐는 그리 달갑게 여겨지는 동물이 아니다. 다람쥐는 도토리를 날카로운 앞니로 갉아먹는 틈에 씨앗이 죽기 때문이다. 하지만 다람쥐는 겨울용으로 숨겨놓은 도토리 100개 중 15개 정도는 어디다 숨겨 두었는지 기억하지 못한다. 이런 다람쥐의 나쁜 기억력 덕분에 죽지 않고 살아남은 도토리는 이듬해 봄 새싹을 틔우게 된다.

도토리나무라고도 불리는 참나무는 사람이나 동물에게 모든 것을 아낌없이 주는 고마운 나무다. 참나무 열매인 도토리는 흉년이 들었을 때 구황식으로 먹었고, 참나무 줄기는 허리가 아픈 사람에게 지팡이가 되어주고 약재로도 쓰인다. 또한 버섯 재배에는 없어서는 안 될 나무다. 더욱이 우리 산을 푸르게 하는 주역으로 숲을 지키며 인간들에게 좋은 환경을 제공한다.

그런데 고급연료인 숯의 수요가 급속으로 증가하고, 찜질방이 늘어나고, 전원주택의 땔감으로 사용함에 따라 참나무가 많이 베어지고 있다. 교외나 시골에 가보면 참나무를 장작으로 싸놓은 집이 많이 보인다. 60년 전처럼 또다시 산이 헐벗지 않을까 심히 걱정된다. 성장 속도가 빨라 참 다행이지만, 산이 헐벗지 않도록 나무를 가꾸고 조림에도 힘써야 한다는 생각이 앞선다.

우리의 삶도 항상 베푸는 삶만 살아온 참나무 같으면 어떨까? 내 어릴 때는 산에 가서 마구 화목으로 베기도 하고 나무를 세게 흔들어 도토리를 따기도 했던 참나무이었지만, 나이가 들어가니 생각이 달라진다. 참나무처럼 베푸는 삶이 행복으로 가는 첩경이 아닐까? 소나무처럼 빼어난 미색도 아니고, 풍성한 열매도 맺지 못하고, 재목으로도 그렇게 유용하지 않지만, 서민들 집의 기둥으로 쓰이기도 하고, 연장의 자루로도 쓰이는 평범한 보통 나무다. 껍질은 집 지을 때 지붕을 얹는데 쓰이고, 이파리에는 항균 작용을 하는 성분이 있어서 쌀가루를 참나무 껍질에 사서 떡을 찌면 잘 쉬지 않는다. 어린이들의 장난감에 쓰일 정도로 많은 도움을 주고는 마지막으로 땔감으로 생을 마감한다. 하나도 버릴 것 없는, 인간에게 이로움만 주는 삶을 살고 있다.

게다가 우리 산을 지키고 푸르게 만든 일등 공신이 바로 참나무다. 농촌을 가꾸고 우리 산야를 지키면서도 티를 내지 않고 후덕한 삶을 살아가는 촌부와 비슷하다. 서로 헐뜯기를 좋아하고 말장난만 하며 화합이 되지 않는 우리 사회에서 진작 필요한 건 저렇게 제

할일을 하면서 묵묵히 살아가는 삶이 아닌가. 척박한 땅에서도 아무런 불평 없이 잘 자라고, 제 맡은 일을 다 하는 참나무야 말로 보람된 생(生)을 살고 있다.

또한 참나무는 우리 인간의 삶의 터전인 산까지 지켜주는 고마운 존재라는 생각까지 든다. 처서가 지나 산에 갔다가 상수리나무 사이로 불쑥 나타난 가을을 만났다. 그날 밤 수염이 긴 귀뚜라미가 푸른 달빛 바탕화면에 키보드 두들겨 시 짓는 소리를 귀가 물리도록 들었다. 때때로 시상까지 떠오르게 하는 참나무가 아닌가! 참나무 같은 삶을 살고 싶다면 지나친 욕심일까?

# 하의도에 문학의 돛을 높이 올렸다

김학윤
kimhy4938@naver.com

하의도(荷衣島)!

우리말로 연꽃섬이니 참 아름다운 지명이다. 섬의 모양이 연꽃 옷을 입은 여인이 물 위에 떠 있는 형국이다. 흙탕물에서 아름다운 꽃을 피우며 맑은 향기를 내뿜는 연꽃은 소담스럽고 청정무구를 상징한다.

1600년경 임진난 7년 전쟁이 끝나고 이 아름다운 섬에 들어 온 사람들은 터전을 마련하고 신천지를 개간하여 논을 치고 밭을 갈아 농사짓기 시작했다. 자기 손으로 생산한 농산물로 자급자족하면서 이웃들과 오순도순 정을 붙이고 살았다. 육지에서 소작농으로 살 때 꿈에서나 그리던 '내 논', '내 밭'을 지성으로 가꾸면서 행복한 삶을 영유했다.

1623년 인조께서 정명공주가 결혼할 때 혼수로 하의3도 땅 20결(약 8만평)을 사여하여 곡수를 홍씨(공주의 시가 풍산 홍씨)가 4대손까지 받아먹도록 해주었다.

그 후에 농민들이 자력으로 개간한 땅 140결까지 자기 땅이라며 결세를 강제로 징수하니 2중과세에 시달렸다. 농민들은 호조에 결당 쌀 23말을 납부하고 또 홍씨가에 쌀 40말씩 강제 징수 당했다.

농민들은 너무도 억울해서 나주목사. 전라관찰사께 민원을 제기해도 묵살 당하곤 했었다. 최후수단으로 경성공소원에 소송을 제기하여 승소했다. 홍씨가에서 소송판결 직전에 농지브로커를 통해 일본재벌에게 싼 값에 넘겨버렸다. 농민들은 일본재벌에게 빼앗기고 이중식민지(二重植民地)로 추락하여 36년을 수탈과 핍박에 피눈물을 흘려야했다.

1945년 해방 후에는 승전국인 미 군정청 소유가 되어 소작료를 납부하는 곡절을 겪었다. 농민들은 선조들이 물려주신 땅을 되찾고자 전 주민이 똘똘 뭉쳐 350년을 항쟁하여 기어이 되찾았다. 세계에서 보기 드문 농민항쟁사로 하의도정신문화유산으로 평가받고 있다.

하의도 민초들의 간절한 소망이 특이하다. 사람의 가장 큰 서러움은 배고픔인데 이곳 섬사람들은 배우지 못한 서러움을 으뜸으로 꼽는다. 이상 사연들에서 본바와 같이 너무도 처절한 고통을 겪은 것은 배우지 못한 소치로 알고 있다. 그래서 후손들에게 바라는 유언 같은 소망은 재산보다도 잘 배워서 사람답게 살기를 바라고 있다.

그래서 하의도 사람들은 선조들의 유언 같은 소망을 실천하기 위해 하의도 농지탈환운동기념 사업회를 창립하고 인재양성을 역점으로 추진하고 있다.

- 2006. 하의도 역사를 정립하고자 '하의도농민운동사'를 발간하다.
- 2006. 하의중 · 고등학교에서 '하의도농민운동사'를 필독서로 지정

· 2006. 제1회 '하의도농민운동'을 주제로 학생글짓기 공모전 시행
· 2015년 제10회째 학생글짓기공모전을 시행했다.

10년이면 강산이 변한다고 한다. 10회까지 글짓기 공모전에서 우수작품으로 입상한 학생이 고등부 45명, 중등부 67명, 초등부 15명 등 도합 127명이 배출되었다.

글짓기 공모전 10년 맞이 특별기획으로 섬을 사랑하는 원로 시인 이생진 선생님과 중견수필가 오기환 선생님을 초청하여 문학특별 강좌를 실시했다. 하의도 섬 학생들에게 큰 꿈을 심어주어 문학의 돛을 높이 올리는 계기를 마련하였다.

제10회 '하의도농민운동'에 대한 학생글짓기 입상자 시상식을 10월 9일 농지탈환희생자 위령제와 함께 시행했다. 이 석상에서 특별우수상으로 뽑힌 하의고등학교 2학년 이지수 학생이 '하의도, 그 뒤에 숨겨진 함성 소리'를 낭독했는데 참석자들이 감명 깊게 듣고 열렬히 칭찬해주었다.

우리의 선구자 故김대중 대통령께서 각고의 노력으로 대통령이 되시고 노벨평화상을 수상하셨으니 선조들의 유전자(DNA)가 학생들에게도 흐르고 있다. 우리의 희망 학생들도 열심히 노력하여 우리 고장과 나라발전에 이바지하는 큰 일꾼이 되기를 기대해 본다.

노벨문학상에 도전해 보자! 그리하여 선조들의 서러운 한(恨)을 풀어드리자. 우리의 소명이다. 이름값을 한다는 말이 있다. 언젠가 하의도에 연꽃이 활짝 피는 해상낙원이 되리라 믿는다!

평화이고 평등인 섬.

아아, 하의여! 눈부신 하의여!

# 콩순이

권 예 자
bombi42@hanmail.net

콩순이는 멍하니 하늘을 본다. 이제 나연이는 여기 없다. 미국 앨라배마로 떠난 지 일주일이 지났다. 아버지가 그곳 주재원으로 발령을 받았으므로 가족 모두가 출국한 것이다. 떠나기 전 대전에 내려와 친가와 외가에 들러 인사를 하고 갔다.

한 살 아래인 사촌동생 지윤이와 프로그램을 짜서 할머니 할아버지를 비롯한 가족들에게, 걸 그룹 뺨치는 솜씨로 춤을 추며 노래를 불러드렸다. 퀴즈를 내고 상품이라며 선물도 드리고 어깨도 주물러드렸다. 하지만 정작 콩순과는 함께할 시간도 없이 포옹 한 번으로 조용히 이별했다.

콩순이는 나연이 엄마가 만든 인형이다.

동글 넓적한 얼굴에 팔다리는 길쭉한데 발은 버선을 신은 듯하고, 손은 조막손이어서 엄지만 따로 있고 네 손가락은 붙어있다. 눈썹은 검은 실로 반달처럼 그렸다. 머리카락은 진갈색 털실로 곱게 땋아 양 갈래로 늘어뜨렸다. 코는 민틋하니 형태도 없는데 붉은 입술은 꼬리가 위를 향해 웃음을 머금고 있다. 가장 예쁜 곳은 눈이다. 새까만 볼록 단추로 붙인 눈동자가 수정처럼 반짝거린다.

둘이서 처음 만나던 날, 퇴근하고 집에 온 엄마가 벌거벗은 인형을 거실 소파에 내려놓자, 세 살 나연이는 "아가, 아가" 하며 얼른 달려와 콩순이를 안았다. 그리고 제 옷을 입혔다. 둘이는 키도 몸무게도 비슷했지만 나연이 눈에는 아기로 보였던 모양이다. 그때부터 그들은 함께 살았다. 잠을 잘 때도 나란히 잤고, 밥 먹을 때도 제 식탁의자에 앉아 같이 먹었다. 외출할 때는 어디든 안고 나갔다.

나연이 다섯 살에 헤어짐이 왔다. 3년을 대전에서 살았지만, 오빠가 유치원에 들어가자 아빠가 계시는 서울로 올라가게 되었다. 그 애는 콩순이를 꼭 껴안았다가 제 식탁의자에 앉혀놓으며 말했다.

"콩순아, 할머니 할아버지를 잘 부탁해. 내가 자주 놀러 올게. 여기 의자에 앉아서 기다려."

서울로 올라갔어도 초등학교 1학년 무렵까지는 명절이나 할머니 할아버지 생신에 내려오면 잘 어울려 놀았다. 서울 집에 있는 날씬하고 멋진 드레스를 입은 백설공주나 금발머리 신데렐라 그리고 어여쁜 바비인형을 데리고 와서 기를 죽인 적도 없었다.

지윤이와 둘이는 엄마와 간호사가 되고 콩순은 아기가 되어 소파가 있는 병원에 가선 엉덩이 주사며, 예방주사도 맞고 큰 수술을 받아 붕대로 칭칭 감겨 있기도 했다. 콩순이가 유치원생이 되면 자매는 언니와 선생이 되어 많은 것을 가르쳤다.

그 무렵 콩순이는 자주 아팠다. 열이 나고 자꾸 울어서, 병원에도 뻔질나게 갔다. 주사를 얼마나 자주 맞았던지 한때는 주삿바늘 자국 때문에 긴 팔 원피스만 입고 지낸 때도 있었다. 그래도 짜증 한 번 내지 않았다. 그냥 그 아이들과 함께 노는 것이 좋았기 때문이다.

이제 자매는 열세 살, 열두 살이 되었다. 키도 크고 몸집도 자랐다. 그런데 콩순이는 아직도 세 살 그대로다. 대화도 되지 않는다. 언제부턴가 두 아이는 할머니 댁에 와서도 저희 둘이만 작은 방에 들어가 문을 꼭 닫고 몇 시간이고 새새거릴 뿐 눈길도 주지 않는다.

그래도 콩순이는 늘 아이들을 바라봤다. 자매가 애니메이션 '겨울 왕국'의 안나와 엘사가 되어 노래를 부르면 속으로 따라 불렀다. 걸 그룹 춤을 추는 모습을 베란다 유리 너머로 들여다보며 혼자 손뼉을 치기도 했다.

출국하기 전날, 할머니는 나연에게 말씀하셨다.

"나연아, 너는 내일 떠나면 4년 후에나 미국에서 올 거고, 열일곱 살이 되잖아. 그때까지 콩순이를 혼자 두어야 할까? 내 생각에는 제 또래 친구에게 보내주는 것이 좋을 것 같은데 네 생각은 어때?"

나연이는 바로 대답하지 않았다. 다음날 오후 공항으로 떠날 때야 콩순이를 안더니 슬프고 작은 목소리로 말했다.

"그럼 깨끗이 목욕시키고 제일 좋은 옷을 입혀서 보내요. 착하고 예쁜 아이에게 보내야 해요. 손가락 발가락이 붙었다고 구박받으면 너무 불쌍하잖아."

할머니는 안도한 눈치셨다. 그동안 여러 번 다른 아이에게 보내려 했지만, 번번이 반대를 해왔기 때문이다. 그때 콩순이는 알았다. 잘 놀아주지도 않으면서 지금까지 저를 다른 아이에게 보내지 않았던 나연이 마음을….

조금 전 나연이는 앨라배마에서 카카오톡으로 저희가 사는 집과 가족사진을 보내왔다. 할머니는 분홍빛 새 드레스를 입은 콩순이 사진을 전송하면서 편지를 쓰셨다.

"콩순이는 부활절에 세 살 아기에게 갈 거야. 우리 성당 유치부 아이가 제 동생에게 선물하고 싶단다. 네 식탁의자도 같이."

# 그러므로 화기만당(和氣滿堂)

김미자

marianna55@hanmail.net

심호흡을 하고 손목에서 힘을 빼고 천천히 한 획, 또 한 획. 좋아, 괜찮다. 다음 글자도 반듯하게. 아차, 틀렸다. 정성을 쏟건만 여전히 비뚤고 모양새도 흐트러진다. 자, 다시 도전. 마음을 차분히 하고 손을 움직이건만 또 흔들리고 말았다. 벌써 한 달째, 비록 제대로 된 붓도 아닌 필기도구, 붓펜을 잡고 써 보는데 언제쯤에나 반듯한 네 글자를 얻을 수 있을는지. '和氣滿堂', 아름다운 글귀가 그 뜻만큼 화기애애하게 써 지지 않는다.

그날 아침신문의 짧은 칼럼은 가훈을 써오라는 자녀의 숙제에 대한 소회였다. 젊은 엄마는 고민 끝에 '즐겁게'라고 써 보냈단다. 무엇을 하든 즐거운 마음으로 살아가면 좋을 것 같아서라며. 좋았다. 지혜롭기도 하지! 갑자기 아주 멀리 사라졌던 기억 하나가 또렷해졌다. 그래, 가훈을 써서 보냈었지. 그 생각을 하자니 까르르, 밝은 웃음소리가 귓가에 먼저 쏟아진다.

그랬다. 그날 저녁 막내의 숙제를 돕자며 네 식구가 머리를 맞대자말자, 가장이 큰 소리로 운을 떼었다. 아니, 단정 지어 말했다. "가훈, 그건 바로 '건강, 돈, 사랑'이야. 완벽하지?" 돈이며 사랑이라는 말에 깔깔대는 딸들. 초등학교 6학년과 3학년, 한창 그럴 나이었다. 따라 웃었지만 그것이 자신의 생활신조라는 말에 당황했다.

그랬다니! 만나 사귀고 결혼하여 함께한 날들이 15, 6년. 그간에 짐작도 못했던 그 사람의 내적 단면이었다. 현실적이다 못해 세속적인 인생관에 질겁했다면 과장일까. 싫어라, 고개를 흔드는 아내의 반응에는 아랑곳없었다. 건강해야 돈을 벌고, 그래야 사랑도 이루고 가족을 지킬 수 있단다. 놀란 마음 눌러가며 듣다 보니 한 가정의 가장의 입장으로는 지극 당연한 생각이며 말이 아닌가. 갑작스레 그의 어깨가 넓어졌다. 내 눈에 그래 보였다.

그래도 그건 아니지. 반듯하고 모범적인 것이어야지, 한 가정의 교훈이니까. 사전에도 나와 있듯이 가훈은 '집안의 어른이 자녀에게 주는 교훈이며, 선대로부터 전해오는 그 집안의 도덕적 실천덕목'이다. 논란 끝에 거실 벽에 걸려 있던 액자 속의 글귀를 가훈으로 정하고 숙제를 마쳤다. 그것이 바로 '和氣滿堂', 화목한 기운이 온 집안에 넘친다는 뜻이다. 만족스러웠다. 그러나 그뿐, 우리는 그 일을 잊었다.

화기만당 액자는 신혼시절에 받은 시어머님의 선물이었다. 한 아름이 넘도록 큰 액자를 거실에 걸어두고 새댁은 하루에도 몇 번씩 그것과 마주했다. 선이 굵고 힘이 넘치는 글자를 감탄하며 바라보고 소리 내 읽고 해석도 곁들이며 나름 즐거운 시간을 가졌다. 즐겨 암송하던 성 프란체스코의 기도문과 그 뜻이 통한다 생각하여 소중히 여겼다. 그러다 가랑비에 옷 젖듯이 자연스레 삶의 모토가 되었던가. 우리 부부가 천생연분이라는 말을 들으며 무난히 살고 있는 건 어쩌면 그것 덕분인지도 모르겠다.

정말 그렇다면 아무래도 큰 실수를 했지 싶다. 30년 넘은 세월을 함께 하느라 낡아진 그 액자를 아주 떠나보냈으니 말이다. 이사할 때마다 버리자는 가장의 성화를 못들은 체 하고 데리고 다녔는데, 먼저 번에는 걸어둘 곳이 없었다. 하여, 베란다 창가에 세워두고 가끔 먼지만 닦아주었다. 결국 두 해 전에 더욱 단출한 짐을 꾸려 옮기며 미련을 접고 말았다.

그것일까, 그 네 글자를 쓰고 또 쓰는 까닭이. 여전히 못난이가 되고만 글자들이 살갑게 다가들며 접었던 마음이 되살아났다. 처음엔 이면지에 끼적여 보다가 성에 차지 않아 옥편을 펼쳤다. 글자의 모양과 틀, 분위기를 꼼꼼히 살펴본 다음, 연습장을 새로 마련해 쓰고 또 써본다. 도무지 나아지진 않아도 재미나는 소일거리, 딱 내 스타일의 놀이다.

쉽게 그만두지 못하는 이유는 또 있으니, 비뚤고 흐트러져 어쭙잖은 필력이나마 자꾸 쓰다 보니 마음이 차분해지는 것이 아닌가. 그 맑은 고요를 즐기던 어느 순간이다, "잘 쓴 글이니 걸어두면 좋겠다." 하시며 액자를 건네주시던 말씀의 참뜻을 깨달은 것이. 아아, 나는 참으로 눈치 없는 며느리였다. 그래서 이제는 쓰며 묻는다. 답하고 다짐한다. 그렇게 살았는가, 그렇게 살겠는가. 그렇게 살겠습니다.

쓰고 또 써서 어머님의 깊은 뜻이 글자 속에 담기는 날, 현관과

침실에, 주방에도 붙여두고 나며들며 화두로 삼자. 초지일관, 신념대로 충실히 살아온 나의 사람과 알뜰살뜰, 화기애애하게 지내자. 어느덧 장성하여 제 가정을 꾸린 딸에게도 주자. 볼품없고 조악한 선물이지만 뜻만은 명확하여, 화목할 和, 기운 氣, 가득할 滿, 집 堂, 和氣滿堂. 온 집안에 화목한 기운이 넘치게 하라.

평화의 도구가 되기를 청하는 프란체스코 성인의 기도처럼, '사랑과 용서와 화해를, 진리와 믿음과 소망을, 빛과 기쁨을 나누며' 살자. 그러므로 和氣滿堂, 그러므로 和氣萬世. 온 집안에, 모든 이에게 평화와 기쁨이 넘쳐나게 하소서! 천천히 나를 둘러싸는 따스하고 밝은 기운, 평온함이다. 그러므로 마음을 즐겁게, 가볍게 하고 펜을 고쳐 잡는다. 어머님이 주신 귀한 뜻을 담기 위해, 또 전하기 위해.

# 작은 것이 주는 즐거움

공화순
kgdosa@hanmail.net

지루한 겨울 끝에서 땅 속의 새 기운을 가장 먼저 느끼고 깨어나는 것이 있다. 작은 풀꽃이다. 차가운 눈을 뚫고 고개 드는 복수초를 비롯해서 겨우내 가랑잎을 덮어쓰고 숨죽이고 있다가 어느 순간 꽃대를 뻗치는 깽깽이풀과 노루귀꽃이 그 주인공들이다.

예전엔 작은 것들에 쉬이 눈이 가지 않았다. 큰 나무의 꽃들과 화려함에 함빡 시선을 빼앗겼다. 높은 곳만 바라봤다. 내 작은 키를 높은 굽에 숨기고 큰 것들을 동경했다. 이제 부질없는 욕심으로 망가진 발이 더 이상 높은 구두를 수용하지 못하게 됐다. 비로소 신발을 내려 신고 자유로움을 누린다.

계절의 시작은 언제나 봄으로부터 온다. 그것은 높은 곳에서 오는 것이 아니다. 낮은 곳, 땅 속에서 비롯된다는 것을 안다. 그동안 높은 데 시선을 두고 보지 못한 것들이 많다. 그중 하나가 작은 것들이 주는 즐거움이다. 작은 것들이 지닌 아름다움이다.

이제 키 작은 봄꽃들을 바라본다. 자세히 보지 않으면 쉽게 지나칠, 그들이 눈에 들어오기 시작했다. 귀하다. 그 귀한 것들이 주는 소소한 즐거움이 소중하다. 언제나 지루함 끝에서 만나는 설렘이다. 기쁨이다.

올해도 땅 위에서 봄을 찾는다. 양지쪽에 나와 있는 봄까치꽃이 연보랏빛 융단을 깔아놓은 듯 살랑거린다. 아직 바람이 차가운데 땅 밑에선 봄기운이 근질근질 올라오고 있다. 나뭇가지마다 물기를 끌어올려 푸릇한 기운이 솟는다. 언제 산수유가 봉우리를 터뜨릴지 올려다보곤 했었는데 고 사이 나무 밑에서 작은 풀꽃들이 꽃망울을 터뜨렸다. 기특하다.

내가 크고 화려한 것에 정신이 팔려 있는 사이에 온힘을 다해 단단한 땅을 밀어 올렸다. 그 고귀한 수고를 미처 알아보지 못했구나, 미안해지는 것이다. 아니 화려한 봄꽃에 매번 정신을 놓았던 내 좁은 마음이 부끄러운 것이다. 그 작고 연약한 몸으로 봄의 빗장을 열어젖힌 추동에 감동하여 감격에 겨운 것이다.

나이가 들면서 갈수록 땅을 향해 몸을 숙이게 되는 것 같다. 땅의 너그러움과 따스함을 더 많이 느끼고 고마움을 갖게 된다. 그것은 예전에 푸른 하늘처럼 높고 한없이 넓은 꿈으로 가득했던 마음이, 그 맑고 투명한 하늘대신 잡다한 땅의 것들을 편하게 담기 때문이다. 늘 변함없이 반복되는 일상 속에서 문득 소박한 것들로 감사하게 된다. 작은 꽃들을 바라보며 즐거움을 찾았더니 작은 것에서 특별한 것을 발견한다.

작은 것에는 편안함이 있다. 언제나 강요되지 않는 즐거움이 있다. 깜짝 놀라거나 기뻐 날뛰거나 하는 아름다움이 아닌, 그저 잔잔히 미소 짓게 하는 감동이 있다. 아무 생각 없이 지나가다가 문득 시선에 닿아서 더 반가운, 선물 같은 기쁨이 있다. 세상을 살아가면서 예상 못한 선물로 기뻤던 적이 몇 번이었을까. 까마득하다. 그러니 지루한 겨울 끝에 눈에 띄는 봄꽃의 설렘은 남다르다.

작은 것에는 큰 것에서 느끼지 못하는 알뜰함도 있다. 까딱 넘치거나 부족함이 주는 불안함 대신 딱 고만큼이다. 어쩌면 작다는 것은 이미 작은, 딱 그 크기로 마음을 맞추어 놓고 실물을 대하는지도 모르겠다. 그래서 더하지도 빼지도 않은 그대로를 다 보게 되는 것인가 보다. 그러니 손해 볼 일도 없다.

나 역시 작은 몸뚱이를 이끌고 지금을 살고 있다. 그렇다면 누군가에게 이 작은 존재가 선물처럼 반가울 때가 있으려나. 괜스레 즐거운 상상이라도 할 양, 상기되는 두 볼을 감싸다가 아니, 아니, 이내 고개를 젓는다. 이제 가장 낮은 곳에서 누구에게라도 편안한 즐거움을 나누어 줄 수 있다면 그것으로 그만이다. 그럴 수만 있다면 누군가의 시선에 닿았다가 금세 사라지는 아무 꽃이라도 좋겠다.

# 지울 수 없는 풍경, 풍경들

남복희
nbhkks@hanmail.net

이른 아침이다. 스마트 폰을 켜니 카톡 사진이 떠오른다. 빨강, 노랑, 풀색, 남빛 비치파라솔 상단부가 평생의 바람처럼 펄럭이고 그 아래 먼 곳을 바라보는 모자 쓴 옆얼굴이 나타난다. 배경에는 높고 파란 하늘, 흰 구름이 무대장식처럼 온 하늘을 덮고 있다. 사진속의 풍경은 뉴질랜드 Piha beach다.

지난해 겨울 모처럼 손자와 둘이서 이곳 뉴질랜드 딸네 집을 방문했다. 6인 가족이 첫 번째로 찾은 곳이 오래전 영화 '피아노'의 무대로 유명한 해변 Piha beach다. 넓은 해변에 피아노가 있고 우수에 젖은 여주인공의 눈빛과 고풍스런 의상이 기억에 남아있다.

가져온 김밥, 유부초밥을 먹고 아이들은 수영선수처럼 바다로 갔다. 여행기획자인 딸은 주변 풍경담기에 바쁘다. 새로 준비한 무지개 비치파라솔은 접이식 의자에 꽂았는데 바람이 많이 불어 어느 틈에 모래언덕 위로 날아가고 있었다. 당황한 어른들은 무겁게 움직이는데 해변에서 둥글게 모여 비치볼 놀이를 하고 있던 파란 눈 어린 여자아이들이 상큼한 목소리로 소리 지르며 가볍게 뛰어간다.

끝까지 재빠르게 따라 가더니 파라솔을 바람개비처럼 잡고 환하게 웃으며 가져다준다. 같이 있던 젊은 엄마들도 응원하며 서있었다. 보통 때 학교에서, 가정에서 배운 대로 행동하는 천진한 아이들, 아직 분홍 볼이 귀여운 아이들의 서슴없이 도움 주는 모습을 보며 거리감 없는 따스함을 느꼈다. 이번 여행에서의 좋은 풍경 1호다.

바다 빛이 곱고 파도가 그림이다. 해변 가까이는 여러 모습이 작은 점처럼 보였다. 가까운 곳을 보고 있으니 풀색에 은빛이 섞인 키 큰 풀들이 모여 있는 모래 언덕에 은빛머리 노부부가 나비처럼 앉아있다. 먼 곳을 하염없이 바라보고 있는 노부부는 가식이 없고 가벼운 소풍 오듯 그림처럼 앉아있었다. 마음에 들어왔다. 오랜 시간 동행한 노부부가 빛나는 명화처럼 보이는 까닭은 뭘까? 멋진 풍경이 많은 바닷가에서 은빛 노부부를 보고 있는 내 모습을 카메라에 담은 사람이 우리 막내딸인지 사위인지 모르겠다. 이번 여행에서 손꼽고 싶은 풍경 2호다.

파도가 밀려가고 물이 빠진 산 가까이 있는 해변은 진흙처럼 단단했다. 혼자 걸었다. 드넓은 해변 가는 여러 모습이다. 비치 타월 한 장에서 휴식을 취하는 사람, 단체로 모여 토론하는 사람들 갑자기 먼 곳에 삼각형 화성인간이 서있는 것 같았다. 기구인지 사람인지 구분이 안 갔다. 조금 있다 요란한 삼각형 얼굴이 움직였다. 가오리연이었다. 멀리서 가는 실을 감으며 풀고 가오리연은 하늘에서 춤을 춘다. 반가웠다. 어릴 적 본 광대얼굴이었다. 친근한 한국인을 본 듯했다. 풍경 3호다.

멀리서 파도가 몇 겹으로 밀려오고 수면이 거울처럼 잔잔한 바닥을 걸으며 생각에 잠긴다. 오래전 눈 쌓인 학교운동장에 이름을 적으며 좋아했던 일, 섬마을 학교 앞 모래사장에서 아이들과 즐겁게 놀이 했던 일이 겹친다. 사는 것도 유치한 것이 좋은 것 같다. 머언 이국의 드라마틱한 해변을 그냥 갈 수가 없었다. 한 해 동안 마음에 남아 있는 단어도 적어보았다 혼자 웃으며. 구름으로 덮인 하늘, 끝없이 펼쳐진 해안을 거닐었다. 비록 수영은 못했지만 벅찬 풍경으로 즐거운 하루다. 자연과의 대화가 무궁무진한 이곳으로 온 우리는 너무너무 행복했다. 풍경 4호다.

위대한 자연 앞에 오니 아주 작은 부분이 되는 인간의 모습을 보게 된다. 무지개색 파라솔, 나비부부, 가오리연, 섬마을에서의 추억 등을 불러온 Piha beach는 새로운 마음밭이 된 아름다운 풍경, 풍경들이다.

그랬다. 그 풍경 1, 2, 3, 4호는 내 마음 밭에 그린, 지울 수 없는 아름다운 수채화다. 그래서 뉴질랜드의 Piha beach는 영원히 잊을 수 없는 나의 바다가 되었다. 그리움이 되었다.

# 마두금 가락과 낙타의 눈물

문남선
dsb2000@hanmail.net

몽골의 고비사막 한쪽에 애잔한 낙타의 울음소리가 울려 퍼진다. 엄마를 찾는 듯한 새끼낙타의 주변으로 한 무리의 낙타와 몽골의 전통악기인 마두금*을 든 한 남자가 서있다.

잠시 후 마두금의 현을 통해 울러 퍼지는 구슬픈 음률에 맞춰 낙타 주인이 슬픈 느낌의 노래를 부르며 어미 낙타의 등줄기를 연신 쓸어내린다. 그 곁엔 마두금 연주를 열게 한 주인공격인, 좀 말라 보이는 새끼 낙타 한 마리가 울고 있다. EBS방송의 '세계 테마 기행'이라는 다큐멘터리에서 본 이 광경은 오래도록 내 마음에 남아 가슴을 애잔하게 흔들었다.

낙타! 낙타를 떠올리면 지난 5월과 6월 전국을 강타한 메르스(중동호흡기 증후군)사태가 생각난다. 메르스로 인해 전국이 엄청난 홍역을 치르고 있을 때, 메르스균이 낙타의 젖에서 발견되었다는 이유로 한동안 낙타는 많은 사람의 기피 동물이 된 적이 있었다. 그러다 보니 보건당국이 메르스 예방법 홍보차 '낙타 접촉금지'라는 메시지마저 띄우는 웃지 못 할 해프닝까지 있었다.

낙타는 등에 솟은 육봉(肉峰)이 하나인 단봉낙타와 둘인 쌍봉낙타로 나뉘는데 낙타의 90%를 단봉낙타가 차지한다. 단봉낙타의 서식지는 아프리카. 중동, 인도 북서부이며, 쌍봉낙타는 파키스탄, 고비사막, 몽골이 서식지인데 주로 집짐승으로 키워왔다고 한다. 낙타의 임신 기간은 사람보다 긴 400여 일이다. 그래서 그런지 낙타는 모성애가 유난히 강하고 제 새끼가 아니면 절대 젖을 물리지 않는다고 한다.

사막은 태양이 뜨겁고 모래바람이 거세고 물이 적다. 또 낮엔 덥지만 밤이 되면 썰렁해져 낮과 밤의 기온차가 심하다. 낙타는 이런 기후 조건을 잘 견딜 수 있도록 진화된 탓에 그 형상 또한 뜯어보면 생김새가 참으로 특이하고도 재미있다. 발바닥은 넓고 스펀지처럼 푹신해서 발이 모래에 빠지지 않고 모래 위를 걷기 편하게 생겼다. 이런 이유로 낙타는 사막에서 없어서는 안 될 교통수단의 하나이기에 '사막의 배'라고도 불린다.

우아한 기품으로 사막을 누비는 낙타의 기이한 형상에 대해 오래전부터 몽골에서 전해오는 이야기가 있다. 12지신(十二支神)을 모집한다는 소식을 듣고 길을 가던 중, 낙타는 그만 쥐의 꾀에 속아 늦었던 관계로 12지신에 들지 못했다고 한다. 그래서 낙타는 12지신을 나타내는 동물의 형상 중, 쥐의 귀, 소의 배, 호랑이의 발바닥, 토끼의 코, 용의 몸, 뱀의 눈, 말의 갈기, 양의 털, 원숭이의 허리, 닭의 머리, 개의 다리, 돼지의 꼬리를 닮았다는 전설이다. 그 전설을 생각하며 찬찬히 낙타의 형상을 뜯어보니 그 괴상한 형상이 전설을 뒷받침 할 정도로 꽤 그럴싸하게 닮아있다.

또 낙타의 특성 중 목은 길어 높은 곳의 나뭇잎을 따먹고, 혀와 입술은 두꺼워 억센 식물을 잘 먹는다. 소처럼 되새김위를 가졌고, 기다란 속눈썹으로 사막의 센 빛을 가리고 휘몰아치는 모래바람을 가려 시야를 확보한다. 코는 마음대로 여닫을 수 있으며 귀는 털이 수북해서 날아드는 모래를 막는다. 또 물을 아끼기 위해 땀을 적게 흘리는 편이며 소변은 걸쭉한 시럽 같고 대변은 물기하나 없이 땡글땡글하다. 그리고 날숨 때의 습기를 긴 콧구멍이 가둬서 들숨 때 허파로 되넣는다고 한다.

계속 이어지는 마두금의 구슬픈 가락과 주인의 슬픈 노랫소리에 어미 낙타의 마음이 요동을 치는지 갑자기 몸을 부르르 떨며 슬픔에 겨워 어쩔 줄 몰라 한다. 주인은 그런 낙타의 등을 연신 어루만지며 마두금의 가락에 맞춰 계속 구성진 노래를 부른다. 아! 그런데 그 큰 낙타의 눈에서 정말 거짓말처럼 뚝뚝 눈물이 떨어지는 것이 아닌가. 낙타의 큰 눈에서 슬퍼 견딜 수 없다는 듯 계속, 계속 굵은 눈물이 쏟아졌다.

낙타는 모성이 유난하다. 그 유난한 모성은 새끼가 죽었을 때 극에 달한다. 죽은 새끼의 냄새를 1년이 지나도 기억하기에 죽은 장소를 반드시 찾아간다고 한다. 그래서 새끼가 죽으면 어미낙타에게 꼭 새끼의 시신을 보여준다고 한다.

'자신의 새끼가 아니면 절대로 젖을 물리지 않는다'는 철옹성 같던 어미 낙타의 마음이 구슬픈 마두금 가락과 주인의 노랫소리에 여지없이 무너져 버린 셈이다. 그때를 맞춰 주인은 눈물 흘리는 어미 낙타의 젖에 새끼 낙타의 입을 갖다 댔다.

오래도록 굶주렸기에 내버려두면 굶어 죽을 수도 있을 새끼 낙타는, 사고로 죽은 제 어미가 아닌, 다른 어미의 젖을 제 어미의 젖인 양 힘차게 빤다. 이렇게 몽골의 고비사막 한켠을 울리던 마두금 연주는 어미 잃은 새끼 낙타와 다른 어미 낙타 사이를 모자지간이라는 소중한 인연으로 엮어준 감동적이고 훌륭한 연주였던 셈이다.

산책을 할 때도, 집안일을 할 때도 자꾸만 그 장면이 떠올랐다. 사람도 아닌 동물과 동물 사이에도 저렇게 뜨거운 마음이 흐르는데… 눈물을 뚝뚝 흘리며 불문율을 깨고 남의 자식에게 가슴을 허용하며 새로운 연을 맺는, 낙타의 모성이 너무나 감동스럽다.

*마두금: 나무와 가죽으로 만든 몽골의 민속 악기. 몸통 위쪽 끝에 말 머리 장식이 있는 두 줄의 현악기로 은은하고 부드러운 소리가 나기에 일명 초원의 첼로라고도 부른다.

# 2장

# 낙 화

박춘민
chunmin202@daum.net

경의선을 타고 일산 병원에 계시는 어머니를 뵙고 온다. 언제나와 같이 점심때가 기울어 서울역에 도착, 일부러 조용한 길로 가기 위해 근처 옹벽 쪽으로 향한다.

몇 년 전부터 치매를 걱정하며 손수 병원을 찾아다니시던 어머니가 총기를 잃으셨다. 작년 6월, 장마 기간에 이상증세가 생겨난 것이다. 길을 잃고 정처 없이 돌아다니시거나 행동과 말씀이 엉뚱하시므로 불안하여 동생들과 의논해 병원에 모셨다. 그런데 잘못을 저지른 것 같다. 어떻게든 집에 계시도록 할 것을… 맘껏 돌아다니시던 분이 침대에만 붙잡혀 계시니, 착잡하고 죄스럽기 짝이 없다.

이즈음에는 식사도 제대로 못하시고 뼈와 가죽만 남은 모습으로 변해 간다. 하루하루 삶에서 멀어져가는 어머니를 뵙고 오면 밤에 잠을 설친다. 고운 어머니의 젊은 시절도 있었건만, 세월이 언제 이리 흘렀을까. 자랑 같지만, 민첩하고 재치 있고 기력이 좋았던 어머니다. 어머니의 기지로 위험지경에서 살 수 있었던 어린 시절이 전설 같기만 하다. 그때의 어머니가 그립다.

쌀쌀한 바람기가 가시지 않은 3월 어느 날, 엄마는 여섯 살인 나와 백일을 넘긴 동생을 데리고 신안군에 있는 할아버지 댁을 다녀오려고 했다. 목포를 출항한 기선(여객선)은 통통 소리를 내며 유달산 뒤를 돌아 서해로 접어들었다. 그렇게 얼마쯤 항해는 순조로웠다. 엄마는 칭얼대는 동생을 달래고 나는 선실바닥에 누워 잠을 청하고 있었다. 그때였다. 갑자기 "불이야!" 하는 다급한 외침이 들려왔다. 놀라 벌떡 일어나보니 한쪽 문으로 불길이 벌겋게 혀를 내밀고 들어오는 게 아닌가. 혼비백산! 어느새 사람들이 황급히 다른 쪽 문으로 빠져 나가는 것을 보며 나는 동생을 안은 엄마의 치맛자락을 꽉 붙들었다. 엄마를 놓치면 죽을 것 같았다. 모두 서로를 밀쳐대며 갑판으로 올랐다. 엄마도 등을 사람들에게 밟히며 우리를 품에 안고 기다시피하며 갑판에 올랐단다. 엄마는 우리를 살리기 위해 혼신의 힘을 다한 것이다. 갑판에 오른 사람들은 너도나도 바다로 뛰어 들었다. "바다로 뛰어들면 산다!"는 외침이 들려왔기 때문이다.

기선의 기관실에 기계고장으로 불이 붙었다고 한다. 이를 안 선장은 승객들에게는 비밀로 하고 기선을 근처 섬 쪽으로 최대한 가까이 옮겨놓았다. 그리고 사람들을 바다에 뛰어들게 하여 섬으로 오르게 한 것이다. 다행히 그 바다는 수심이 얕고 천후신조로 밀물때여서 수영을 못해도 파도에 실려 섬의 해변에 닿을 수 있었던 것이다. 죽은 사람은 갑판에서 발을 헛디뎌 반대쪽 바다로 떨어진 소녀 한 명이었고, 다른 모든 사람들은 큰 부상도 입지 않고 무사했다. 선장이 위험 대처를 잘했기 때문이다.

갑판에서 엄마의 치마폭을 틀어잡고 울던 나는 그래도 철부지였던지라 잠깐 바다에 떠다니는 사람들을 보느라고 한눈을 팔았다. 그 찰나, 엄마가 나를 힘껏 떠밀어 바다로 던졌다. 죽는 줄 알았다. 엄마가 바다에 그만 버리는 줄 알았다. 그런데 몸이 바닷물에 닿기 전, 한 아저씨가 번쩍 안아 든 게 아닌가. 그리고 목마를 태우고 허리에 차는 바닷물을 밀며 천천히 걸어갔다. 아저씨가 누군가를 구하려는 낌새로 갑판을 올려다보자 엄마가 냉큼 나를 그 앞으로 던졌단다. 아저씨의 머리를 붙잡고 고개를 돌려 엄마가 있을 갑판을 올려다보았다. 불길이 닿은 갑판은 비어 있고 엄마는 그곳에 보이지 않았다. 나는 또 울기 시작했다.

그런 와중에 아저씨가 갑자기 "아주머니 정신 차리세요!" 하며 소리를 질렀다. 소리치는 쪽을 바라보니 뜻밖에 엄마가 바닷물에서 허우적대는 것이 아닌가. 결국 엄마도 동생의 포대기를 입으로 꽉 물고 바다로 뛰어내렸던 것이다. 아저씨의 격려에 힘을 얻었던지 엄마는 무사히 밀물에 밀려 해변에 도착했다. 나와 엄마가 추위에 덜덜 떨며 해후를 하는 동안 아저씨는 급히 어디론가 사라졌다. 황망 중에 고맙다는 인사도 잊었지만 그는 의인으로 평생 은인으로 기억되는 사람이다. 우리는 그곳에서 마을사람들의 도움을 받으며 이틀간 안정을 취하고 다시 목포로 돌아왔다. 후에 어머니는 그때의 이야기를 소중한 추억인 듯 들려주시곤 했다. 불 속에서 두 아이를 살린 어머니는 자신이 한 일이라도 두고두고 대견스러웠으리라.

옹벽 밑 좁은 길바닥에 통꽃으로 떨어진 능소화가 수북하다. 며칠 불어친 태풍 무이파를 이겨내지 못했나 보다. 잠시 걸음을 멈추고 주황빛이 선명한 꽃 한 송이를 주워든다. 아직도 화사한 꽃잎, 그러나 낙화임을 어찌하랴. 눈앞에 어머니의 얼굴이 어른거린다.

여름이 가고 추석이 지난 며칠 후, 어머니는 만 90세를 일기로 승천하셨다. 하늘빛이 몹시 파랗던 날, 묵주를 들고 '꽃보선'을 신은 아리따운 모습으로.

어머니 가신 지 어언 두 해, 이제 그만 애틋한 그리움은 접어두고 열심히 여생을 살아가려고 한다. 그렇게 바라실 것 같기에.

# 무심히 떠가는 구름에서

박연화
hybong48@hanmail.net

오늘도 하늘에 회색빛 구름이 떠다닌다. 누구를 막론하고 구름을 보면서 불안한 마음보다 푸근함이 더 와 닿을 것으로 여겨진다. 힘들 때마다 하늘을 보는 것은 한가로이 떠가는 구름을 보고 마음이 안정되는 그 때문이 아닌가 싶다. 구름은 십장생의 하나다. 십장생이란 누구나 알다시피 오래 살거나 죽지 아니하는 열 가지의 물건 곧, 해, 산, 물, 돌, 구름, 소나무, 불로초, 거북, 학, 사슴 등 중국에서 전래된 신선사상으로 고려시대에 우리나라에 들어온 것으로 추측되었으나 예전에 우리 어머니가 시집오실 때 베갯머리에 해와 소나무로 수놓았던 것을 본 적이 있다.

그런 만큼 바람이 불 때마다 여지없이 흩어질 때는 어쩐지 생소하지만 없어진 것 같다가도 계속 생겨나는 걸 보면 그럴 법하다는 생각이 들기도 했다. 구름 하면 날씨가 연상된다. 아주 높을 때는 얼음 알갱이를 갖고 있는 눈구름이다. 겨울에 눈이 내릴 때는 높은 허공에서 펄펄 날리는 것은 그 때문이다 반면 비구름은 낮게 떠 있어 어느 순간 후두둑 금방 쏟아지는 것이다.

구름의 최전성기는 여름이다. 특별히 기온이 높고 습도가 높아지는 하지 무렵의 뭉게구름은 환상처럼 아름답다. 그것이 장대비로 쏟아지면서 가뭄이 해갈되고 더위가 주춤하는 것도 하나의 과정이다. 특별히 '夏雲 多 奇峯'이라 하듯 여름의 구름은 봉우리처럼 다양하지만 그렇게 형성된 구름이 얼마 후 비구름이 되고 태풍을 부르게 될 것을 생각하지 않을 수 없다.

구름이 생기는 원인은 간단하다. 여름날 컵에 찬물을 부어놓으면 주위에 작은 물방울이 생긴다. 이것은 컵의 온도가 내려가면 주변의 공기가 차가워져서 이슬점이 되어 수증기가 물방울로 바뀌기 때문이다. 우리 살 동안의 모든 희비애락도 삶의 구름이 되어 어느 날 퍼붓듯 쏟아지고 몰아치지만 여름내 만들어진 구름이 끝내는 비로 쏟아져 가뭄이 해갈되듯 삶을 윤택하게 만들어주는 셈이다.

대기 속의 수분이 엉겨 높이 떠 있는 것은 또한 높은 곳에서 나의 모자람을 채찍질할 것이기에 살아갈 동안 큰 길잡이가 될 수 있다. 나 또한 슬쩍 지나는 구름결이 아니라 풀솜을 펼치어 놓은 고운 구름결에 탄성을 부를 수 있는 매개체 역할도 해 보고 싶다.

하지만 구름이 꼭 좋지만은 않은 게, 어느 날 온통 구름으로 뒤덮일 때는 진땀이 흐르고 팔다리가 욱신거리며 진정이 되지 않는다. 그렇게 한참 못 견디게 아프다가도 얼마 후 구름이 흩어지고 파란 하늘이 드러나면 창호지 문을 통해 보는 싱그러운 풍경처럼, 거짓말처럼 가라앉는다.

생각하니 그것은 구름의 종류에 따른 결과다. 내가 별안간 무릎

통증에 시달릴 때는 습기가 많은 먹구름으로 뒤덮였을 때지만 비가 쏟아지면 더없이 상쾌했다. 비가 내리지 않고 흩어질 때도 통증은 가라앉는데 그보다는 한바탕 쏟아지고 날 때가 더 시원하다. 구름으로 하여금 마음의 안정을 느낄 사이도 없이 불편함을 느낄 때면 여지없이 비를 부르고 바람을 부르는 것에 오늘 날씨를 예감하는 듯하다. 살면서 구름처럼 나를 힘들게 하는 것이 있다면 그도 마찬가지일 것이다.

역경과 시련이 구름처럼 흩어지기도 할 테고 혹은 비로 뿌리기도 할 것이나 어떤 경우든 축축하게 괴롭히는 상황은 오래가지 않는다는 그 점이라 하겠다. 구름이 끼는 상황에 따라 아프기도 하고 유쾌하기도 한 것은 수시로 바뀌는 삶의 곡절과 희비애락을 뜻하는 것일 테니까.

아울러 그에 연연할 것도 아닌 것은 모든 것은 금방 금방 지나가기 때문이다. 지금 몹시 슬프다고 혹은 살아가는 것에서 많은 길잡이 역할도 하는 것 같은 마음이 들 때는 높은 하늘에서 나를 내려다보며 '그래-그렇게 사는 거야'라고 고개 끄덕여 주는듯한 나의 이 마음에서 구름에 동경이 들 때가 있다. 무엇보다 구름은 흘러가는 게 특징이다. 그것도 스스로가 아닌 바람 부는 대로 흩어지는 것을 보면서 나 역시 순리대로 살 것을 다짐해 본다.

바람 부는 대로 흘러가는 게 어찌 보면 우유부단해 보이기도 하지만, 그보다는 여건을 거스르지 않고 사는 경건한 자세로 보아 타당할 것이다. 사는 데 있어 가장 현명한 처세는 순리에 따라 혹은 상황에 맞춰 사는 그것으로 집약될 수 있다면 무심히 떠가는 구름이야말로 내 삶의 영원한 길잡이가 될 것으로 본다.

# 젊은 날의 삽화

박 영 식
pyslo@daum.net

누구나 젊었을 때 한두 가지 기억에 남는 추억쯤은 가지고 있을 것이다. 그러한 추억의 단편들은 어떤 계기가 있어야 들추어져 기억의 수면 위로 떠오르는 것이 보통이다.

오랫동안 적조하였던 K형으로부터 느닷없는 전화가 걸려왔다. 변호사 명부를 보다가 내 이름을 발견하고 안부가 궁금하여 전화하였다는 것이다. K형은 나보다 한 해 위로 울진사람이나 우리가 고등학교에 들어갈 때는 울진이 강원도 소속이라 강원도에서 고등학교를 졸업하고 서울로 진학했다. 그는 고등검사장까지 지내고 요즘은 공증사무실을 운영하며 지내고 있다고 했다. 귀에 익은 카랑카랑한 그의 목소리를 들으니 우선 반갑다. 옛날 친구들의 이야기를 비롯하여 회고담을 시간 가는 줄 모르고 하다가 울진 갈 때에는 강릉에 들르라는 부탁의 말을 남기고 전화를 끊었다. K형의 이야기를 들으니 문득 나의 지난날 같이 보냈던 순간들이 떠오른다.

나의 젊은 날을 생각하면 떠오르는 것이 왕십리의 도선동 근로학생기숙사 시절이다. 그곳에서 나는 대학생활의 대부분인 3년을 보냈다. 방이 20여 칸이 있었고 한 방에 2명씩 기숙하였다. 말이 근로학생이지 실은 전국에서 모여든 가난한 대학생들이 학비를 절감하기 위하여 모여들어 기숙을 하는 집이었다. 사회사업을 하던 L 선생이 왕십리 산비탈에 부지 3, 4백 평을 확보하여 단층으로 지은 막사였다. 우리들은 그곳에서 젊음을 담보하고 기약 없는 성공을 위하여 잿빛 삶을 이어갔다. 젊은 날을 돌이켜볼 때 대개는 좋은 일이나 궂은일이나 미화되어 저장되었다가 뒷날에는 즐거운 회상으로 떠오르는 것이 대부분이다. 그러나 나는 지금도 그 시절만은 떠올리고 싶지 않다. 너무나 궁색하고 쪼들린 생활을 하던 시기였기 때문이다.

K형과 함께 생각나는 사람이 J형이다. J형은 9급 공무원으로 모 대학 야간부에 다니고 있었다. 그 당시 근로학생기숙사에는 각 방마다 연탄난로로 난방을 하고 있었는데 하루 24시간 연탄 5장 정도 소요되었다. K형은 하루 종일 방에 들어 앉아 고시공부를 하고 있었고 J형은 낮에는 공무원으로 근무하고 밤에는 야간대학을 다녀서 기숙사에서는 잠만 자는 형편이었다. J형의 주장은 하루 5장정도 소요되는 연탄 값은 하루 종일 방에 있는 K형이 삼분의 이를 부담하고 잠만 자는 자기는 삼분의 일만 부담하겠다는 것이고 반면 K형의 주장은 J형이 기숙사에서 잠만 자는 것은 전혀 J형의 개인 사정에 불과하므로 반반씩 부담하는 것이 당연하다는 것이었다. 어느 날 이 문제로 심한 말다툼을 하고 가방을 챙겨 출근하는 J형 등 뒤에서 흥분한 K형이 "병신 같은 놈"이라고 했는데 현관까지 나

갔던 J형이 이 소리를 듣고 "뭐 어쩌고 어째? 이 새끼." 하면서 가방을 팽개치고 금세 내려덮칠 듯이 대어들었다. J형은 체구가 보통 사람의 두 배 가까운 거구였고, K형은 그에 비하여 왜소하였기 때문에 나는 J형에게 매달리어 참으시라고 읍소하였다. 이때 K형은 자기의 열세인 체격을 보충하려는 듯이 연탄집게를 들고 후려칠 자세를 취하였다. 기숙사가 소란해지자 이 방 저 방의 문이 열리고 학생들이 몰려 나와 말렸기 때문에 싸움은 중지되고 J형은 출근하였다. 그 후 K형은 J형 주장대로 연탄 값의 삼분의 일만 내라고 하였고 J형은 기숙사에서 유일하게 월급을 받는 사람이 자기인데 자기가 너무 생각이 짧았다고 하면서 연탄 값 절반을 내겠다고 하여 연탄 값 분담분쟁은 결과적으로 해피엔딩으로 끝이 났다.

K형의 후일담에 의하면 그때 같이 기숙하던 기숙생들 중에 해골과 다리뼈를 가방에 넣고 다니던 의대생 정 군과 최 군은 각각 병원장과 내과 전문의가 되었고 한 군과 곽 군은 행정고시에 합격하여 모 부처 국장으로 근무하고 정년퇴직하였다고 한다. 또 다른 K 군은 공인회계사 시험에 합격하여 회계법인의 장으로 재직 중이라는 것이다. 지금 생각하면 잊을 수 없는 추억의 한 조각이다.

『아프니까 청춘이다』라는 책 제목이 있듯이 우리의 청춘은 특별히 아픈 시간의 연속이었다. 그렇게 하여 우리의 세상살이는 흘러 흘러 오늘에 이르렀다. 과거 없는 현재가 있을 수 있던가. 그러나 이제는 괴로웠던 일이나 즐거웠던 일이나 모두 추억 속에 묻어 두고 자신의 생활을 돌이켜 볼 때이다. 노후의 건강, 친구들과 연락 유지하기, 손자들 신경쓰기 등 할일은 많다. 내일은 좋은 일이 있을 것만 같다.

# 약속 시간 지키기

박정미
jeongmip47@naver.com

이른 아침에 서둘러 집을 나섰다. 5월의 상큼함을 안고 오랜만에 고속버스를 탔다. 강남고속버스터미널을 지나 조금 가다 보니 방패막처럼 높이 쳐진 담벼락에 연초록빛 싱싱한 담쟁이 넝쿨이 높은 담을 빼곡히 에워싸고 있다. 5월의 초입인데 푸르름은 싱그럽고 만개한 영산홍은 아름답고 화려하다. 버스 1번 좌석도 난생 처음 앉아 보았고 높고 확 트인 좌석에 앉아 목적지 당진까지 가게 되었으니 하루 시작이 힐링이다.

당진 버스터미널에서 수원 애경반 문우님들을 만나 K선생님댁을 방문하기로 약속한 날이다. 약속 시간을 지키기 위해 집에서 30분 앞당겨 출발했다. 낯선 곳에 왔으니 이곳저곳 기웃거리며 눈요기도 했고 먹음직스런 떡도 사서 챙겨놓고 문우님들을 기다렸다. 문우님들은 만나자마자 일찍 왔느냐고 인사를 한다. 나한테는 어울리지 않는 인사말이기에 겸연쩍기도 했고 흐뭇하기도 했다. 대전으로 이사 가신 K문우님도 오셨다.

나는 지금까지 살아오면서 지각이라는 꼬리표를 달고 살았다. 어떤 모임에서든 약속 장소에 마지막으로 도착하는 고질적인 습관 때문에 부끄럽고 창피했다. 약속이 있는 날은 일찍 가야겠다고 마음속으로 다짐해 보기도 했지만 실천하기란 쉽지 않았다. 잘못 길들여진 생활 패턴이 나를 항상 불안하고 초조하게 했다. 곁에서 지켜보는 남편은 약속시간보다 20분정도 미리 가 있어야 직성이 풀리는 책임감이 강하고 현명한 사람이다. 남편은 어리석은 나 때문에 부부동반 모임에 늦는다고 화를 낸 적도 심기가 불편한 적도 많았다.

남편은 "하던 일도 멈추고 출발해야 할 시간에 왜 또 일을 시작하느냐?"라고 했지만, 나는 늦지 않게 갈 수 있다고 호언장담을 한다. 하지만 역시 남편 말이 맞았다. 5분 지각이다. 어느 날 남편의 소원대로 일찍 출발해서 약속 장소에 갔더니 우리 부부가 첫 번째 순위로 도착해 웃지 못 할 해프닝도, 상대방을 기다려주는 배려심도, 당당함도 만끽한 날도 있었다. 오늘처럼.

작년에 창수문인회에서 가을세미나를 갈 때의 일이다. 매년 가을세미나를 갈 적마다 지각하지 않으려고 긴장도 많이 했고 언제나 10분 전에 도착해서 대절한 버스에 타곤 했는데 또 5분 지각했다. 출발장소를 지하철 잠실역으로 착각해 잠실역에서 한참을 헤매고 다니다 사무장님께 전화를 했더니 '잠실종합운동장역'이라고 한다. 놀라서 안내장을 펴봤더니 '잠실종합운동장'역이다. 헐레벌떡 서둘러 지하철을 타고 출발장소로 갔다. 민망하고 죄송스러웠다. 총무님이 회비를 걷기에 얼른 5만원을 내밀면서 "지각한 벌금입니다.

죄송합니다." 했다. 총무님도 웃으셨다.

지우고 싶은 기억은 또 있다. 오래전에 막내딸 결혼문제로 양가 부모가 만나 상견례 약속장소로 가던 길이었다. 막내딸이 저쪽 부모님께서는 벌써 오셨는데 왜 아직 도착 안 하느냐고 성화였다. 약속시간은 오후 5시였는데 10분전에 도착하면 여유가 있겠다, 생각하고 집에서 출발했다. 그분들은 20분 전에 도착하셨다고 한다. 그렇다고 우리도 늦은 건 아닌데 당혹스러웠다. 남편은 또 내 탓을 한다.

큰딸 결혼문제로 상견례 하던 날엔 주차장에서 자동차를 주차하면서 그쪽 부모님들과 첫 대면을 했다. 그분들은 부산에서 서울까지 오신 분들이다. 당연히 우리 쪽에서 먼저 가 기다리는 미덕도 넉넉함도 보였어야 했는데, 또 나 때문에 그럴 여유가 없었다. 그럴 때마다 나는 불안이 엄습해 왔고 초조했기에 후회를 많이 했다. 더군다나 내가 알고 지내는 모든 지인들은 내 남편처럼 약속시간을 20분 전쯤 도착해야 여유도 있고 마음도 안정된다고 한결같이 말씀하신다. 그분들의 신념은 확고하셨고 현명하셨다. 나는 그분들이 부럽고 존경스러웠다.

자식들이 결혼하기 전 우리 집에는 나처럼 5분 지각하는 사람이 2명 더 있었다. 아들과 막내딸. 다행히 큰딸은 아빠를 닮아 책임감도 강하고 약속 시간도 잘 지켜 걱정을 안 했다. 막내딸은 학창시절엔 지각을 안 했는데. 아들은 중·고등학교 때 매번 지각을 한다고 담임선생님의 말씀을 듣고 혼을 낸 적도 많았다. 그러던 자식들이 결혼을 했다. 미국에서 막내딸이 살 때 우리 부부는 딸네 집에 갔다. 그때 막내딸 하는 말 "엄마, 난 이젠 약속시간을 잘 지키고 있어요. 최

서방한테 혼쫄이 난 후론 절대 늦지 않고 약속시간 10분 전에 도착한다."고 했다. 최 서방 말을 들으니까 그 말이 다 맞고, 모임에 가서 '죄송합니다'라는 소리를 안 해도 되더라는 것이다. 엄마도 그 습관을 버려야한다고 강조한다. "그래 역시 넌 똑똑하구나." 칭찬해 주면서 난 동감했고 다짐해보았다. 더군다나 부족한 딸의 나쁜 습관을 고쳐주면서 살아가는 막내사위가 고맙기도 했다.

아들은 다행히 부지런하고, 현명하고, 순발력 있는 여자를 만났다. 며늘아이가 연애하던 시절 속깨나 썩었다고 했다. 어찌나 약속시간을 안 지켜주던지…. 안 봐도 눈에 선하다. 하지만 지금은 며늘아이 덕분에 딸 아들 낳고 잘 살고 있다. 며늘아이 공이 컸다. 고맙다. 나에게 충고를 해준 남편도 고맙고, 막내사위도, 며늘아이도 모두 다 고맙다.

돌이켜보면 우리들의 나쁜 습관 때문에 인내를 많이 했을 것이고 스트레스도 많이 받았을 것이다. 나는 지금부터라도 나 때문에 선의의 피해를 본 모든 분들께 속죄하는 마음으로 약속시간을 20분 전으로 계산하고 지각하는 계산법은 잊어버리고 살아야겠다.

오늘은 당진에 사시는 K선생님의 수필집 『돌때미골의 겨울나기』 출판기념회를 작은 모임으로 축하하기 위해 모이는 날이다. 모두들 만나 반갑게 인사하고 택시 2대로 K선생님댁에 왔다. 선생님은 전원주택에서 사신다. 그곳은 선생님께서 소유하신 산도 농지도 돌때미골의 한적한 전원주택도 넓고 한가롭다. 산 아래 언덕이며 정원에 심어놓은 영산홍과 철쭉이 만개한 모습으로 무리지어 우리를 반겼다. 눈길 닿는 곳마다 선생님께서 손수 심고 가꾸신 꽃들이 탐스럽고 화려하다. 선생님께서는 동생분과 함께 음식도 푸짐하게 장만

해 놓으셨다.

점심을 맛있게 먹고 난 후 거실에 앉아 다과회를 가졌는데 선생님 작품집 이야기로 분위기는 화기애애했다. 하루 시작이 힐링이었으니 헤어지는 시간도 힐링이다. 대전에서 오신 K선생님도 모처럼 만나서 반가웠고 많이 웃고 삶의 이야기로 많은 소통을 했으니 힐링이다.

서울로 돌아오는 고속버스 안에서 창밖을 보며 생각을 많이 했다. 30분 먼저 도착한 그 여유로움이 온종일 나를 행복하게 했고 기다려 줄줄 아는 배려심의 매너도 깨닫게 해주었으니 오래도록 기억하고 싶은 하루다.

약속시간을 머리로 계산하지 않고 가슴으로 계산하는 계산법을 배운 하루다.

# 꿈꾸는 집

배영숙
57bys@hanmail.net

그리 급할 것도 서두를 일도 없는 이즈음 나는 북한산을 자주 오른다. 어제는 향로봉쪽으로, 오늘은 진관사 방향으로, 내일은…. 집을 나서면 곧바로 북한산으로 이어진다. 거실 앞에는 향로봉, 족두리봉이 병풍처럼 펼쳐있고, 식탁 창 쪽으로는 소나무 정원이, 서재방 창으로는 나지막한 야산이 코앞에 있다.

두 아들은 모두 결혼을 하여 나갔고, 남편도 집을 자주 비우는 편이다. 제일 큰방은 안방으로, 둘째 큰방은 나의 서재다. 셋째 방은 남편 방, 넷째 방은 아들들이 오면 사용하고 있지만 이 두 개의 방은 대체로 비어있으므로 이 멋진 집을 거의 나 혼자 사용하는 셈이다. 전에는 상상도 할 수 없었던 호사다. 아이 둘이 한창 성장할 땐 방이 부족해 한 아이는 마루에 책상을 놓고 공부를 했는데, 겨우 서울에 집 한 채 마련한 지금은 그들이 다 떠나고 없으니 삶이란 아이러니의 연속인 것 같다.

안양 석수동 단칸방에서 신접살림을 시작할 때부터 나의 제일 큰 소원은 집 장만이었다. 어떻게 서울에 보금자리 하나를 마련할까가 그 당시 우리 부부의 최대 목표였다. 화곡동 반지하 집을 거쳐 부천 원종동에 처음으로 14평짜리 내 집을 마련하였다. 거기서 작은아이를 낳고 조금은 안정적으로 지냈지만 현실에 자족하기란 쉽지 않은 것. 부천시민에서 서울시민으로 승격하기 위해 우리 부부는 열심히 살았다. 나는 이웃집 어린아이 봐주는 일부터 시작하여 과외를 하면서 알뜰살뜰 돈을 모았다. 덕분에 결혼 8년 만에 서울 잠원동에 조합주택 한 채를 분양 받을 수 있었다. 선망하던 서울의 내 집, 최초로 장만한 우리의 서울아파트였지만 입주도 못하고 그 집이 완공될 즈음 우리는 지방으로 내려가야 했다. 전세를 주고 몇 년을 버틴 그 집, 최초로 분양 받은 서울 우리 집을 남편이 처음 국회의원 후보로 나선 1996년에 팔고 말았다.

집이란 가꾸고 살만한 시간과 여유가 있을 때라야 욕심을 내는 법. 4년마다 돌아오는 선거, 두 아이의 엄마, 안동과 서울의 이중생활, 이래저래 바쁘게 움직일 땐 집이란 그저 잠시 쉬는 곳일 뿐이었다. 집에 편안히 들어앉아 있을 시간도 없고, 집을 살만한 돈도 모자라고. 난 집에 대한 환상을 잠시 접어두고 주어진 생활에 떠밀려 살았다.

그러면서 서울의 내 집 하나 다시 장만하려고 혼자서 용을 많이 썼다. 상암지구와 그 당시 로또당첨이라고 화제가 되었던 판교신도시, 그리고 광흥창역 주변의 일반 아파트 분양에도 넣어 봤지만 모두가 꽝이었다. 이곳저곳 기웃거리는 중 그때 북한산 자락의 은평뉴타운이 조성되고 있었다. 물론 주택에 살면서 정원도 가꾸고 텃밭도 일구고 싶은 욕심이 없지 않지만 그런 날이 쉬 올 것 같진 않았다. 그런대로 내가 꿈꾸던 자연과 어울려진 아파트였다. 난 복층 아파트가 주는 호기심에 1지구 복층을 신청했는데 떨어졌다. 어찌 아파트 분양 복이 이리도 없는지. 그리곤 또 2~3년이 지나 은평뉴타운의 마지막 3지구 분양에, 그것도 미분양 된 2차 분양에 넣어서 이 집을 배정 받았다. 난 계약하기 전 내가 배정 받은 집이 어떤 정도의 위치인지, 조망은 어떤지 직접 보고 싶었다. 한창 마무리 공사를 하고 있는 현장을 찾아가니 분양 계약을 한 사람 아니고는 진입이 금지되어 있었다. 그러나 나는 악착같이 내가 분양 받을 집의 정경을 꼭 알아봐야겠다는 생각에 산길을 이리저리 헤매다가 뒷길을 발견, 꼬불꼬불 작은 산길을 따라가니 내가 배정 받은 아파트가 바로 나왔다. 아, 이런 자리이구나! 아무것도 방해 받지 않고 북한산이 가슴으로 들어오는 위치에 자리 잡고 있지 않나. 뒤 또한 작은 동산으로 둘러 싸여 있다. 나를 위해서 만든 집인가! 난 단번에 이 집 주변이 주는 풍광에 만족했다.

남편과 아이들은 마포쪽에 그대로 살기를 원했지만 그나마 대출 좀 받고, 비교적 넓은 곳에 살고 싶은 마음에 자리 잡은 곳이 이곳 은평뉴타운이다. 잠원동 집을 분양 받은 지 딱 20년 만에 다시 서울에 분양 받아 보는 집이다. 은평뉴타운은 완공 상태에서 분양을 한 아파트라 난 입주 전 잔금을 치르지 않은 상태에서도 돗자리와 커피포트를 빈집에 갖다 두고 자주 드나들었다. 분양사무실에서 임시로 키를 받아 시멘트 냄새가 그득한 빈집에 돗자리 깔고 누워서 이리저리 상상을 해봤다. 이 방은 어떻게 저 방은 어떻게 꾸밀 것인가로. 미술을 전공한 친구를 입주도 안 한 집에 오라고 하여 일

회용 커피를 한잔씩 마시면서 어떻게 인테리어를 꾸밀 것인가 작전을 짜기도 하였다. 결국엔 베란다 마루와 욕실 천장을 원목으로 꾸미고, 그림을 걸 수 있는 레일을 거실 벽면에 설치하고 안동한지로 방을 도배하는 것으로 담백하게 꾸미며 마무리를 했다.

이사 와서 얼마 안 되었을 땐 혼자 있으면 꿈인 양 몽롱했다. 서재에서 책을 보기도 하고 공연히 이 방 저 방 들락거리며 창문을 열어도 보고, 거실 창을 활짝 열고 북한산 공기를 잔뜩 들여 마시곤 했다. 이 집에서 내가 제일 좋아하는 공간은 원목으로 마루를 꾸민 안방 베란다이다. 시골 마루 같은 느낌이 드는 이곳에 앉아 자주 차를 마신다. 차향과 숲향이 어우러져 그야말로 환상의 하모니를 이루는 자리이다.

하루는 베란다에 앉아 차를 마시며 맑은 공기를 깊이 들이키며 느긋하게 산책하는 사람들을 내려다보고 있었다. 나는 어찌나 편안하고 만족스럽던지 세상에 부러울 것이 아무 것도 없었다. 그런데 등산객들이 우리 집 앞길에 불법(?) 주차를 하고 산으로 오르는 모습이 눈에 들어왔다. 많은 차들이 나의 정원(?)에 불법 주차를 하고 있는 것이다. 나는 분개하여 컴퓨터 자판을 두들겼다.

"이 청정 지역에 등산 오시면서 차를 가지고 와 오염을 시키면 안 되지요. 차는 멀리 두고 오세요. 폭포동 주민"

A4용지가 가득 차도록 크게 인쇄한 것을 잔뜩 들고 나가 주차한 차마다 꽂아두고 있었다. 그때 지나던 등산객이 핀잔조로 한마디 했다.

"아주머니, 여기까지 와서 광고물을 부착하는 겁니까?"

'아니 난 이 동네 주민인데, 광고물은 무슨 광고물….' 혼자 구시렁

거리며 난 우리 동네 지킴이라도 되는 양 주차단속에 나서곤 했다.

우리 아파트 본 상가는 입구에 위치하고 있지만 깊숙이 자리 잡은 우리 동 아파트 1층엔 자그마한 점포가 5개 있다. 워낙 외진 곳이고, 주인의 취향이 독특하지 않으면 견디기 힘든 곳이라 무엇이 들어설까 궁금했다. 등산객들을 위한 호프집이 괜찮다고 생각했더니, 이곳엔 허가가 안 난다고 한다. 처음 제일 좋은 자리에 커피와 간단한 식사를 겸한 집인 '쉐프라이더'가 들어섰다. 조금 있더니 '바느질 풍경'이 자리 잡고, 나머진 한참을 비워져 있었다. 저 점포 하나를 내가 무엇 할까 궁리하는 중 그림 공간 '하다'가 들어서고, '하루하루'라는 소품점이 자리 잡게 되었다. 한 땀 한 땀 바느질을 배우는 사람과 그림 그리는 사람, 북한산 정원을 벗 삼아 여유롭게 차 마시는 사람들이 잘 어울려지는 모습이다. 이제 제일 구석 햇볕이 전혀 안 드는 곳 한 곳이 남아 있다. 내가 가장 눈여겨 본 곳이다. 임대료도 쌀 것 같고, 절대 어떤 가게가 들어 설 수 없는 그늘진 곳이다. 아이들 글 읽는 소리가 이 한적한 북한산자락에서 함께 어울려지면 얼마나 좋을까. '저기에 할머니 명심보감방을 한 번 꾸며 봐?'

관리실에서 칼 가는 봉사가 있는 날이라고 방송을 한다. 난 집에 뒹굴고 있는 무딘 칼을 모두 들고 나갔다. 이미 많은 칼들이 칼 가는 아저씨의 손길을 기다리고 있었다. 시간이 많이 걸릴 듯하다. 난 얼른 집으로 들어와 고구마와 계란을 한소쿠리 쪄서 들고 나가 아저씨가 칼을 가는 동안 옆에 앉아서 두런두런 이야기를 주고받는다. 청소를 하다가 창밖으로 관리실 아저씨들이 땀 흘리며 잔디를 손질하고 있는 모습이 보인다. 나는 김장 김치를 송송 썰고, 냉동

실의 새우를 넣어 묵은 김치전을 재빠르게 구워 들고 나가 막걸리 한 잔을 대접하기도 한다. 아저씨들은 김치전 맛이 일품이라고 칭찬하고, 나는 금세 으쓱해져서 '북한산 자락에서 묵은 김치전이나 팔면서 살까?' 하고 상상을 해본다.

해질 때쯤이면 슬슬 뒷산으로 오르다가 운동기구 있는 곳으로 향한다. 이곳에는 항상 이 시간 많은 사람들이 모여 있다. 난 몸 풀기 요가 동작을 몇 가지 해본다. 사람들이 하나둘 따라하다가 내가 그만하고 돌아오려고 하자, 내일도 나올 거냐? 몇 시에 올 거냐고 묻는다. '이참에 북한산 요기(Yogi, 요가 수행자)가 되어볼까?' 하다가 피식 실소를 터뜨린다.

내가 심심하긴 심심한가 보다. 그래도 이런저런 꿈을 꿀 수 있는 것은 한가한 시간의 선물이다. 어쩌면 소년이나 청년보다 나 같은 초로가 더 많은 꿈을 꾸는 시기인지도 모른다. 세 번이나 연이은 남편의 선거 출마 좌절로 몸도 마음도 많이 피폐해 있는 상태이다. 누구에게 어떻게 아프다고 말할 수 있을까. 젊은 날의 노역을 끝내고 노년에 찾아 온 기분 좋은 나의 집. 그나마 북한산 이 집이 있어서 나는 그런대로 숨을 쉬고 있는지도 모른다.

나는 오늘도 북한산을 바라보며 크게 심호흡을 한다.

# 소석 이철승 헌정회 의장님 영전에

배정화

oromexking@daum.net

영면에 드시기 전 보름 되는 어느 날 오전 힘없는 목소리가 전파를 타고 들려온다. 기운이 많이 소진된 목소리다.

"배화백, 건강하셔야 해요. 미안합니다." 아주 느린 음성이었다.

"의장님! 어디가 편찮으신지요?"

"감기몸살로 자리에 누웠어요. 그런데… 아…아…."

"의장님! 건강관리 잘하시고 쾌차하시면, 뵙겠습니다. 조심하세요."

수화기를 놓는 순간 영원히 못 뵐 수 있겠다는 느낌을 받는다. 지팡이에 의지하면서도 거뜬히 걸으셨던 모습이었고 뵐 때마다 조금씩 보행이 느려졌고 호흡도 차츰 가빠오는 것을 느꼈다. 계단으로 내려가실 때 팔을 부축해드리지만 대화는 명쾌했다. 정치와 역사 이야기는 무척 재밌게 피력하셨다. 실장 말씀에 의하면 아주 건강하시고 식사도 잘하신다고 했다.

民族指導者(민족지도자) 필자가 직접 휘호한 예서작품을 펼쳐서 이철승 의장님께 증정해드렸다. 감독님과 더불어 기념촬영도 했는데 이것이 마지막 만남이 될 줄이야….

의장님! "저승에서도 기억하시리라 생각이 듭니다." 인사동에서 금강산 황금화 작품 개인전시 개최할 때 불편하심에도 불구하고 축사를 해 주셨습니다. 금강산을 절반을 본 것 같다며 한 번도 가보지 못한 것을 못내 아쉬워 하셨죠. 두 시간을 넘게 머물다가 제 손을 꼭 잡으시고 "훌륭합니다."라고 격려를 아끼지 않으셨습니다. 전시한 작품 중에서 당신께서 금강산 만추를 선정하셨습니다. 서울평화상 집무실에 걸어두고 "참 좋다!"라고 연신 기뻐하셨지요.

"나 죽기 전 평양 가서 냉면 먹고 금강산을 꼭 다녀오자."며 약속을 하신 게 어제 같은데….

60여 년 정치생활하시면서 베를린장벽이 허물어진 동·서독을 직접 보면서 한없이 부러워하며 동·서독의 위정자와 국민들이 각자 위치에서 무엇을 해왔는가를 끈질기게 묻고 다녔다며 과거를 회상하는 모습이 영롱하다며 말씀하신 모습이 어쩌면 자상한 저의 아버지 모습으로 다가왔습니다.

의장님께서 초대하시어 프레스센터에서 감독님과 함께 식사한 지 한 달이 채 되지 않았습니다. 부고소식을 접하고, 황금화 금강산 세계화 추진위원회 이훈 감독님과 강남 삼성병원 영안실로 달려갔어요. 국가원로의 의연한 모습의 영정사진을 보는 순간 순수 무구한 모습이 가슴으로 파고들어와 눈물이 왈칵 쏟아졌습니다. 한참을 넋을 잃고 있는데, 어떤 중년 여인이 너무도 슬프게 바닥을 두들기며 오빠하고 큰소리로 통곡을 합니다. 밤늦도록 조문하려 많은 사람들이 새벽까지 이어지고 있었습니다.

이튿날, 이른 아침 장지행차에 탑승했습니다. 국회회관 앞에서 노제(路祭)를 지내고 국립 현충원으로 향했습니다. 가족들은 가족장을 원했음에도 불구하고 정부 측에는 사회장으로 하셔야한다며 가족들을 설득시켜 장례식을 엄숙히 사회장으로 치렀습니다. 동작동 현충원 국립묘지 애국지사 묘지에 양지바른 곳으로 사랑하는 가족 친지들의 오열 속에 대한의 국기가 활짝 펼쳐진 바로 아래 명당자리에 안장이 되셔서 모두가 평안한 마음을 느꼈습니다.

이철승 국회원로 의장님 94세 일기로 평생 동안 건강한 모습과 사회정의 실현을 위해 최선을 다한 분명 큰 어른이었습니다.

"의장님! 극락에서 내려다보시겠죠?" 올해 폭염이 기승을 부리는 한해였습니다. 이 무더운 날씨에도 화실에서 작업하며 의장님을 다시 한 번 흠모해봅니다.

"의장님! 조금도 미안한 마음 가지지 마십시오. 이생에서 빚을 졌다면 전생에 제가 의장님께 빚을 졌노라 생각하십시오. 미안한 마음은 훌훌 떨쳐버리시길 바랍니다. 부디 이 세상 시름 다 잊으시고 평안히 영면하시길 기원 드립니다."

2016년 8월 15일 광복절을 맞아
극락세계로 승천하신 이철승 의장님께 해금 배정화 배상

# 풍경소리

서명언
myungan226@hanmail.net

며칠 새 기온이 내렸다. 왜가리가 목감 천에 발을 담그고 곧추서 있다. 나는 물고기를 채는 새의 민첩한 동작을 보기 위해 다가가 억새풀 뒤에 숨는다. 새는 기척을 느꼈는지 총망히 자리를 뜨고, 실망에 찬 나는 멍하니 주위를 둘러본다. 방죽에는 갈색 숲이 바람에 나푼댄다. 여름내 탁했던 개울이 한결 맑다. 물살에 떠가는 잎사귀도 엽록소를 잃었다.

집게손가락을 내밀어 잡으려다 놓친 잠자리, 그런 아쉬운 정서가 밀려온다. 방울방울 꺼져버린 물거품처럼, 속절없이 떠난 벗들이 뇌리를 스친다. 근간에 세 명이나, 황천길의 뱃사공 '카론'의 배를 탔다. 절친한 이군도 그중 한 명, 그리움이 사무친다.

이 군은 고교 때의 학우다. 소식이 깡통이던 그가 내가 퇴직하기 한 해 전에 직장으로 나를 찾아왔다. 시의원에 낙선한 동문을 격려하러 갔다가 그곳에서 내 근황을 듣고 달려왔다고 하였다. 반세기만의 해후인데도 반갑기보다 무덤덤했다. 까까머리 학생 때를 떠올려 하얀 늙은이를 연계해 보려니 감이 멀다. 많이도 변했다.

이 군과 마주 앉아 지난날의 이런 저런 일들을 들추다 보니 봄눈 녹듯 격심이 가신다. 잊고 있던 추억들이 새록새록 줄기를 타고 우정의 꽃으로 피어난다. 한참을 뜸을 들이던 그가 뜬금없이 가라앉은 목소리로 기도문을 암송한다.

'높고 높은 보좌 위에 계셔서 악하고 죄 많은 우리 인간을 두루 보살펴 주시는 주 여호와 하나님….'

이렇게 시작한 기도문은 첫 문장이 율이나 어휘가 낯설지 않다. 그렇다. 내가 한때 나가던 교회에서 누군가의 기도를 흉내 내다가 외워 잊지 않고 있는 구절이다. 암송을 끝낸 이군은 이런 말도 한다. 이 기도문을 외우고, 그것으로 기도를 하다 보니 차츰 여유작작한 기운이 생기고 입이 열리더라는 것이다. 이 체험을 내게 꼭 들려주리라 마음먹었다고 한다.

학창 때 이군은 육척이 넘는 큰 체격에서 이에 비롯된 우쭐대는 버릇이 있었다. 그렇지만 마음이 여리고 순해 그런 그가 미더워 친하게 지냈다. 어느 날 하굣길에서 그는 머뭇대더니 내게 기도할 줄 아느냐며 생뚱맞은 질문을 한다. 그리고 자기가 다니는 교회 학생부에 관해 설명을 한다. 학생부에서는 주일예배 때 기도할 학생을 미리 정한다고 한다. 돌아올 주일이 자기 차례인데 다음 교우와 바꿨다고 했다. 처음 해보는 기도에다가 점찍어 놓은 여학생까지 있는데 실수라도 하면 어떻게 교회에 나가겠냐며 해결할 묘책이 없겠느냐고 한다.

교회를 바꾸라고 야살스럽게 허튼소리로 약을 올려놓고 집에 온 나는 밤이 깊도록 기도문을 지었다. 기도란 신에게 자신의 소망을 비는 일이다. 더욱이 교우들 앞에서 하는 기도는 그들에게도 공감이 가야 한다. 기도가 위선과 기만과 가식적이라는 느낌이 들었다면, 얼굴을 분으로 치장하여 민낯의 얼굴을 감추는 것과 다를 게 없다. 내용이 다소 진부하더라도 공감대를 얻어야 한다. 다음날 아침, 나는 우쭐대며 노트 두 장 분량의 기도문을 건네며 암송하라고 일렀다.

그 일을 까맣게 잊고 있었다. 그런데 그 '번민의 처방전'이 반세기 세월이 지나 무슨 우연인지, 아니 상징인 양, 두 조각 중 한 조각의 징표처럼 나타나 떨어져 있던 우리 사이의 우의를 잇는, 우정의 가교가 되었으니….

그 후 시간이 날 때면 나를 보러왔다. 어쩌다 뜨음하면 그의 비대한 몸이 눈에 밟혀 걱정이 되기도 했다. 그도 나와 비슷한 시기에 퇴직을 하여 서로 생활이 바뀌면서 그 후로는 동창회 모임에서나 간간히 만났다. 그는 얼마라도 살림에 더해야 한다며 일자리를 구했다고 했다. 그리고 몇 년이 지나 일터에서 뇌출혈로 쓰러져 나와의 우정에 실타래는 끊어지고 말았다. 애석하게도 돌아올 수 없는 '스틱스' 강을 건넜던 것이다.

뒤를 돌아본들 무슨 소용이 되랴만, 을씨년스러운 날씨 탓인지 그가 그립다. 눈을 감고 떠올리면 마음으로 보이는 그는 그림자같이 형태만 있고 윤곽선이 없다. 이성이 아닌 감성으로만 존재한다. 다시 기도문을 암송하던 모습을 떠올려 보면, 그는 한 마리 새가 되어 바람살을 안고 울림을 토하고 있다.

산사의 처마 끝에서 낭랑한 소리로 하늘을 여는 풍경이 되어, 하얀 바람을 머금고 있다.

# 내 삶의 42.195㎞

서동숙
seochunja99@naver.com

케이블TV 덕에 심심찮게 영화를 본다. 오늘도 일찍 깨서 이리저리 화면을 돌렸다. 2012년 1월에 개봉한 '페이스메이커' 김달중 감독의 작품으로 김명민이 주연이다. 몇 년 전 것이면 어떠랴. 심심풀이로 아무 생각 없이 보기 시작했다.

부모님을 일찍 여의고 동생과 살아온 형(김명민 분)은 마라토너다. 42.19㎞. 마라토너라면 누구나 완주가 목표다. 하지만 그는 늘 30㎞까지만 달린다. 딱 거기까지만 달려야한다. 그는 에이스의 우승을 돕는 페이스메이커니까. 에이스는 그의 도움으로 페이스를 조절하다가 30㎞이후부터 치고 나간다. 그리고 모든 영광과 박수는 에이스의 몫이다. 그에게 돌아오는 것은 30㎞만 달린다며 붙여진 삼발이라는 별명과 선수들의 비웃음뿐이다.

그래도 그는 달리고 또 달린다. 누군가에게 등을 내어주며 페이스 조절을 돕는 페이스메이커로서 충실할 뿐이다. 그는 국가대표 수당으로 생활하며 생존을 위해 뛴다. 삶을 위한 최선의 선택이다.

오랜 시간을 그렇게 보냈다. 그의 다리가 돌이킬 수 없는 지경에 이른다. 더 이상 혹사를 하면 선수로서의 생명이 끝남을 알고 선수촌을 박차고 나온다. 국가대표 수당이 없어 빚에 시달리는 그에게 동생은 전셋돈을 빼준다. 그런 동생에게 너를 위해 페이스메이커로 달렸노라고 할 때 동생은 말한다. 형이 싫었다고, 떼어내고 싶었다고, 형의 고마움을 알기에 열심히 공부해서 좋은 직업을 가졌다고, 하지만 행복하지 않았고 지금도 행복하지 않다고.

동생에게 그 말을 듣고 낡은 상자 하나를 꺼내본다. 그 상자에는 형제의 세월이, 그들의 삶이 고스란히 투영되어있다. 운동을 처음 시작할 때 받은 상장들과 낡은 사진첩에서 동생과 함께 웃는 모습이 환하게 비쳐진다. 형의 완주를 응원하던 동생의 웃음이 천진난만하다. 하지만 그가 딱 30㎞까지만 달리는 동안 사진 속 동생은 웃음을 잃었다. 무표정 그 자체다. 사진 속 동생은 점점 더 어두워져가고 있다.

그는 다시 선수촌으로 돌아온다. 페이스메이커로서의 의무를 다 하면 약속된 돈을 받기로 감독과 계약을 한다. 국가대표로 출전하여 작전대로 달린다. 에이스는 그의 등을 보고 달리며 최상의 기록을 내기위해 페이스를 조절한다. 30㎞다. 선두그룹에 있던 에이스가 앞으로 치고나간다. 감독과의 약속은 잘 지켜졌다. 작전은 주효했고 그의 역할은 끝났다. 이제 그는 대열을 벗어나기만 하면 된다. 어차피 주인공이 아니니까.

그때 그의 눈에 빨간 우산 하나가 들어온다. 늘 무표정한 동생이 빨간 우산을 들고 섰다. 우산을 든 동생이 뛴다. 웃으면서. 그는 대열에서 벗어나지 않는다. 그 빨간 우산과 함께 앞으로 나아간다. 동생과 그의 꿈이 함께 뛴다. 30㎞에 길들여진 다리는 그를 괴롭힌다. 하지만 아픈 다리를 스스로 찔러 피를 내며 언젠가부터 잃어버린 나머지 12.195㎞를 찾아 달린다.

이제 그는 더 이상 페이스메이커가 아니다. 42.195㎞를 향해 나아가는 진짜 마라토너다. 동생을 위해 모든 것을 포기해온 형이 아니다. 동생의 웃음을 찾아주기 위해 쉼 없이 비틀거려도 앞으로 나아간다. 그리고는 마침내 에이스와 우승을 다툰다. 영화는 거기까지다.

빨간 우산을 든 동생은 형에게만 보인 환영이었을까. 아니면 진정으로 응원을 왔던 걸까. 영화는 그에 대한 설명이 없었다. 어찌되었든 형은 동생을 위한 페이스메이커였고 동생은 형에게 등대와 같은 빨간 우산이 되어준 것이다.

그를 응원하고자 한 것은 아니다. 우승이면 어떻고 꼴찌면 또 어떤가. 어차피 영화는 허구가 아니던가. 동생의 웃음을 찾아주려고 안간힘을 쓰는 형의 고통이 내게로 전이 된 것일까. 빨간 우산이 뛸 때부터 울던 난 영화가 끝났는데도 울고 있다. 살다보면 울 일이 얼마나 많은가. 하지만 감정선이 메말랐는지 울지도 못하며 살고 있었다.

실컷 울고 난 뒤 '내 삶의 42.195㎞'를 돌아보았다. 난 지금 어디에 있고 무엇을 하고 있는 걸까. 반환점까지는 어찌어찌 나를 끌고 왔다. 뛰다가 힘들면 걷기도 하고 때로는 기어서라도 왔고 또 가고 있다. 하지만 아직도 아득한 저기 저 곳. 그 끝에서 누군가 나를 반겨줄지도 모른다는 막연한 희망을 가지고 있는 것도 아니다. 그저 가야하니까 가고 또 갈 뿐이다.

그 먼 길을 이어 오는 동안 난 단 한번이라도 그 누군가의 빨간 우산인 적이 있었던가. 내 등을 보여주며 이끌어주는 페이스메이커였던 때가 있었던가. 아무런 기억이 없다. 그 누구의 영광을 위한 페이스메이커도 아니고 그 누군가에게 우산을 씌어준 적도 없다. 도리어 누구든 내 우산 속을 비집고 들어오면 매몰차게 밀쳐냈다. 남에게 나의 것을 빼앗길까봐 되지도 않는 속도로 달리다가 페이스를 놓쳐버린 것이 부지기수이다.

그렇다면 나를 위해 수고를 아끼지 않은 빨간 우산은 있었던가. 감사하게도 나의 페이스메이커가 되어준 이들이 많다. 내가 지치고 힘들 때면 빨간 우산이 되어준 이들도 많다. 그러고 보니 난 참으로 많은 마음의 빚을 지고 살아가고 있다. 살아갈 날이 살아온 날보다 적은 내가 한 편의 영화를 보고 찔찔 짰다고 성정이 변할 리 없다. 평생 누군가의 영광을 위한 페이스메이커도 아니고 고통을 함께 해줄 빨간 우산은 더더욱 아닌 채로 살아갈 것이다.

하지만 아무런 생각 없이 보기 시작한 영화가 날 울렸듯 삶이란 얼마나 많은 변수를 지녔던가. 혹시 아는가. 친구가 보약보다 소중하다는 나이에 접어들었으니 친구의 말벗이라도 되어줄 수 있을는지. 그렇게라도 마음의 빚을 갚아 나가다보면 아주 작은 빨간 우산을 펴서 함께해 줄 수 있을지 모른다. 언젠가는 누군가에게 나의 등을 보여주며 페이스메이커의 역할을 하게 될지도 모를 일이다.

남은 거리는 그렇게 가고 싶다.

# 어떤 가보(家寶)

서병태
seobt3012@hanmail.net

옛날에 한 형제가 서예가인 외숙부에게 휘호를 청탁하였다. 형이 받은 휘호는 '日新又日新'이었고 동생이 받은 휘호는 '川流不息'이었다. 형제는 각기 그 글씨를 액자에 담아 집에 걸었다.

동생이 형의 집에 갔다가 액자를 보며 말했다. "형님, 이 휘호 참 좋습니다. '날마다 새롭고 또 날마다 새롭다'이니 매일 아침 이 글씨를 마주하면 일하러 갈 기분이 절로 나겠습니다. 제 것은 '냇물은 쉬지 않고 흐른다.'입니다. 휴식 없이 일해야 하는 게 제 팔자인 것 같아 저는 그 글 앞에 서면 인생의 피곤함을 느낍니다. 형님 것 참 좋습니다."

그 후 형이 동생 집에 들러 액자 앞에 섰다. "천류불사(不思)라!" '息'을 '思'로 읽은 형은 몹시 감명을 받은 듯했다. "냇물은 생각하지 않고 흐른다. 하! 명문이다. 흐르는 물은 생각이 없다. 그렇지. 그저 흐르기만 할 뿐 생각할 게 뭐 있나!"

형제의 외숙부가 이 글을 휘호할 때 '息'자의 첫 획을 삐침 별(丿)자로 시작하지 않고, 구절 찍을 주(丶)자로 시작한데다가 먹을 흠뻑 찍어 썼기 때문에 '恩'이나 '思'처럼 보인 것이다. 그런데 '불은(不恩)'으로는 뜻이 전혀 통하지 않으므로 동생도 '思'자로 읽었었다. 심오한 뜻이 담긴 동양철학이나 한시(漢詩)의 한 구절로 착각했던 것이다. 식(息)자로 바로 읽기까지의 잠깐 동안은 동생도 형과 유사한 생각을 했다는 말이다. 그런데 식 자로 바로 읽은 후에도 동생은 가끔은 그 휘호를 '천류불사'로 읽으면서 세상을 살았다고 한다.

고사(故事) 같은 위 이야기에는 '息'자와 '思'자가 들어간 그럴듯한 고사성어 하나쯤 딸려 있을 법도 하다. 그러나 사실을 말하면, 이 얘기는 우리 집 거실에 걸려있는 액자 휘호에 관한 것이다. '옛날에'로 시작하여 고사의 흉내를 낸 데는 이 휘호 하나가 내 생활철학에 고사만큼이나 의미 있는 생활의 예지로 작용해 왔기 때문이다.

가로로 쓴 4자 휘호의 끝에는 작은 글씨로 '已未歲暮／爲丙泰君／外叔'이라 적혀 있고 두 개의 낙관에는 '金圭晟'과 '閒山'이라고 찍혀 있다. '已未'는 우리에게 낯설지 않은 해다. 3・1절 노래가 사가 '기미년 3월1일 정오…'로 시작되어서이다. 독립만세사건이 일어난 그 기미년은 1919년이고, 같은 기미년은 60년을 주기로 한번씩 돌아오니 내가 30대의 나이에 받은 이 글은 외숙께서 1979년에 휘호하신 것이 된다.

외숙께서는 국문학을 전공하셨으며, 명필이셨다. '息'자를 별(丿)자 획으로 시작하여 쓰지 않은 것은 이 서체가 행서체(行書體)이기 때문인데, 나는 그것을 최근에 서체에 관해서 공부를 좀 한 다음에야 알게 되었다. 한글세대이면서 한문을 따로 공부하지 않고 서예도 하지 않은 나 같은 사람은 평이한 해서체(楷書體)로 쓴 액자에서도 모르는 글자가 있어 답답함을 느끼는데다, 서체까지 난해한 글씨 앞에서는 속수무책이 되곤 한다.

오래전 추사의 글씨 앞에서 지(芝)자를 못 알아본 것이 내가 액자글씨에 경외감을 느끼게 된 최초의 기억이다. 그것은 경외감이었음과 동시에, 모르던 글씨를 알아보게 되었을 때 명필에 대해 가지게 된 하나의 희열이기도 했다. 대학에 갓 입학했을 때였는데 집안 어르신 댁에서 '芝山居'라고 써진 대형액자를 올려다보면서 그 첫 글자를 읽지 못한 것이다. 중학교 때 외운 '꽃다울 지'라는 그 글자의 훈(訓)과 음(音)이 떠오른 후에야 "꽃다운 산에 살도다. '지산거'라!" 하며 소리 내어 읽었다. 마치 춤을 추는 듯한 芝, 한껏 비뚤어진 형상의 山, 구도가 맞지 않는 居(집채만큼이나 크게 보이는 '尸'속에 절구통만큼 밖에 차지하지 못한 크기의 '古'), 그 세 글자의 왼쪽 끝에 秋史라고 쓰여 있었다.

외숙의 글씨는 그 정도의 파격이거나 난해한 서체는 아니었지만, 순간적인 오독을 유발시킨 것은 오히려 내게 행운이었다고 할 수 있다. 아니, 세월이 흐를수록 외숙께서 짐짓 그런 예상을 염두에 두고 쓰셨던 건 아닐까 하며, 일찍 혼자되신 당신의 누님과 그 슬하의 생질 형제인 우리들에게 각별한 보살핌과 남다른 애정을 보이셨던 생전의 모습이 그리움으로 떠오른다.

川流不息! 쉼 없이 인생을 성실하게 살아야 한다는 뜻이니, 그것은 평범함 속에서 빛나는 진리일 것이다. 그 덕일까? 나는 지금껏 그 보편타당한 진리의 실천에 크게 어긋나게 살지는 않았던 것 같다.

川流不思! 작위하지 않는 무위자연, 노자는 도(道)의 본성을 자연이라고 하였다. 즉 물 흐르듯이 자유롭게 살아가는 유유자적함이다. 도에는 어떠한 의지와 목적이 없이 무위하다는 것이다. 그것은 바로 천류불사가 아닌가.

無念無想! 생각조차도 존재하지 않는 상태! 佛家에서 행하는 쉽지 않은 수행의 길!

'주어진 인생이니 그냥 하루 넘기자. 목표고 무어고 오늘 하루를 그냥 때우는 거다. 인간관계에서 오는 갈등도 오늘은 생각을 말자. 내가 옳으니, 네가 옳으니 유보를 해두자!' 심신이 피곤한 때는 나는 그렇게 쉬었다. 그것은 포기와는 다른 자연에의 순응이었다.

집사람이 어느 날 말했다. 내 서재를 청소할 때마다 자기는 시외숙의 휘호액자를 가장 정성들여 닦아왔노라고, 그 액자를 닦다보면 사람은 흐르는 냇물처럼 살아야함을 생각하게 된다고, 늙더라도 사람은 보람 있다고 생각되는 일을 찾아 생동감 있게 살아야 하며, 일생을 살아가면서 가장 필요한 것은 끈기와 꾸준함이라는 가르침을 배우게 된다고. 그리고는 이 액자를 거실에 옮겨 달자고 했다. 그것은 지금 거실에 걸려있는 가훈 이상으로 우리아이들에게 '천류불식'을 좋아하게 하자는 뜻이란다.

그 제안을 듣는 순간 나는 언젠가 계곡에 앉아 흐르는 물소리에 지친 귀를 내맡겼을 때, 머릿속의 온갖 복잡한 것들이 사라지면서 무념무상에 빠져들었던 '천류불사'의 시간을 문득 떠올렸다. 아이들에게 '천류불식'을 좋아하게 하면서도, '천류불사'의 여유를 갖게 하려는 마음 때문이었으리라. '息'자를 본다. 아니, '思'자를 본다. 아무 일도 하지 않고 팔짱 낀 채 있음을 뜻하는 불위(不爲)를 인생에서 늘 경계하라는 '不息'의 철학과, 지식, 법제, 인의, 예악 등 인간의 의식에 입각한 일체의 행위인 인위(人爲)를 부정하라는 '불사'의 철학, 그 두개의 상반된 철학을 한 글자에서 보는 것이다. 흡사 동전의 양면을 동시에 보는 듯하고, 음양을 하나로 투시하여 보는 듯하다. 아내의 제안대로 나는 이 액자를 거실에 내다 걸 생각이다. 낙관에서 이름과 호를 알아볼 수 있긴 하지만 휘호인의 자리에 이름 대신 '외숙'이라고만 쓰셨고, 또 내게 내리신 것으로 명기가 되어 있어, 나는 지금껏 거실에 걸 생각을 못했던 것이다. 이 액자를 보면 큰 뜻을 내게 남기신 외숙에게 감사하는 마음을 품게 되니, 역시 '호랑이는 가죽을 남기고 사람은 이름을 남긴다.'는 말에 공감하게 된다.

이제 이 액자가 거실에 옮겨지고, 우리 집을 찾는 이들이 이 글 앞에 설 때마다 나는 이 액자를 우리 집 가보라고 소개하려 한다. '식'으로 읽는 이에게는 '사'로 읽어보라 권하고, '사'로 읽는 이에게는 '식'으로 읽어보라 할 것이다. 그 상반되는 뜻의 묘미를 헤아리는 사람이라면 누구나 이 액자를 가보로 정한 나에게 고개를 끄덕이며 공감해 주리라 믿는다.

# 벌초를 하면서

서주린
jrseo2003@daum.net

햇볕이 따갑다. 산등성이 여기저기서 예초기 소리가 요란하다. 지하 영령들께서 '고맙다, 수고가 많구나!' 하는 말씀으로 들리는 듯하다.

추석을 두 주일 앞두고 고향 공주 선산 묘를 벌초하는 중이다. 예전에는 선산을 지키는 자손이 여러 날에 걸쳐 묘 한 기 한 기의 잡초를 낫으로 깎아 단장했다. 그러던 것이 오래전부터 추석 2주 전 일요일에 각처에 흩어져 사는 6대조 할아버지 자손 중 성년 이상을 모이게 해서 공동작업을 하고 있다. 그 선산 묘역엔 6대조의 부모, 조부모와 아드님 내외의 묘가 위에서부터 차례로 자리하고 있다. 나에겐 5대조부터 8대조가 된다. 동틀 무렵이면 일부 모인 사람들로 작업을 시작해서 마치면, 고조부 묘 이하는 자손 별로 각처로 나뉘어 벌초한다.

벌초! 참으로 귀하고 아름다운 풍속이다. 추석을 맞아 벌초하고 차례지내고 성묘하는 것은 조상의 음덕을 기리고 추모하는 일로, 효(孝)의 으뜸가는 전통이다. 하지만 쉽지만은 않은 행사로 어려움도 많이 따른다. 서울과 부산 등 멀리서 오가는 사람은 극심한 교통체증에 시달려야 한다.

작업 또한 순조롭지 않다. 예초기 사용엔 노련한 숙련이 필요하다. 예초기 메고 오래 작업하기엔 힘도 있어야 하지만 부상을 염두에 두고 조심하지 않으면 안 된다. 갈퀴질하다 튀는 돌에 얻어맞기 일쑤고 때론 뱀이나 벌 같은 독충과 전쟁을 치러야 한다. 또 무더위를 견디면서, 도중에 비라도 오게 되면 웬만한 비는 맞으면서 작업을 마쳐야 한다. 이렇게 힘들게 하다 보면 즐거운 시간도 오기 마련이다.

낮 12시가 되면 예약한 식당으로 모두 모여서 반주 곁들인 점심식사를 한다. 매년 40~60명의 자손이 모인다. 이삼십 대부터 팔십 대 고령까지 전국 각지에서 모이다 보니 시끌벅적, 인사와 정담을 나누기 바쁘다. 한 할아버지의 자손인 친족들이 이때만이라도 한 자리에 모여 일가임을 확인하고 친목과 화합을 다지게 되니 얼마나 좋은가.

나는 오래전부터 두 아들과 함께 참여하고 있다. 이제까지 'OO종회'란 모임으로 불평 없이 잘 유지돼온 것이 금년에는 일부 젊은 층에서 볼멘소리가 나온다. 7, 8대조 묘소를 우리 말파 자손이 계속 해온 데 대한 불만 표출이다. 벌초 작업이 힘들고 많은 시간과 인력이 필요한 일이기에 생긴 분란이다. 그래서 내년부터는 자손이 적은 차파는 제외하고 장파와 격년제로 하도록 하겠다는 어른들의 설득에 일단은 불만이 잠재워졌지만, 앞으로 있을 우려스러운 일은

이 뿐만이 아니다. 이해타산이 밝은 요즘 젊은이들의 생각 때문이다. 장차 우리 세대의 후손들이 이 전통을 계속 답습해 나갈 것인가 하는 의구심이 든다. 어떻게 할 것인가. 아들 세대까지는 어찌어찌해 나가겠지만, 손자 세대는 기대하기 어렵단 견해에 동조하는 일가들이 많다.

오후의 일을 다 마치고서다. 내 치표* 자리에 서서 많은 생각을 해 본다. 수년 전 형님이 주선하여 조부모님 묘소 인근에 묏자리 잡아 우리 형제 내외가 들어갈 2기의 봉분을 만들어 둔 가묘다. 내 나이도 이제 칠십 중반을 넘어 섰다. 사람들은 구구팔팔 백세 시대를 말하지만 죽음엔 순서가 없다지 아니한가. 과연 내가 죽어 이곳으로 들어가야 할지가 의문으로 떠오른다. 잠시 생각에 잠긴다. 매장인가, 화장인가를…. 좁은 국토에 매장 문화는 이제 바뀌어야 한다. 그렇다면 대안은 화장이다. 그러려면 성묘에 접근성이 좋은 부모님 묘역을 평장 형태로 가족묘원을 만든다. 그리고 조부모님과 부모님의 유골을 화장해서 땅에 모시어 평면 비석으로 표시하고 자손들은 순서대로 지정해서 쓰면 된다.'라고. 물론 형님과 사촌들, 우리 가족의 동의가 필요한 일이지만 잠시 동안의 상념으로는 그럴듯하지 아니한가?

나의 이 생각에 많은 사람이 동조하고 시행한다면, 묘지 부족 문제와 후손들이 벌초하는 고통을 다소나마 줄여 나가는데 일조가 될 것 같다. 현재 묘지가 국토에서 차지하는 비중이 0.28%, 면적 280㎢로 여의도 100배가 넘는 큰 면적이다. 대・소 도로 주변뿐만 아니라 깊은 산속까지 온통 묘소 천지다. 아름다운 금수강산이 온통 상처투성이요 벌집처럼 보인다.

그 많고 많은 묘소가 명당을 염원해서 썼겠지만 발복했다는 명당 길지(吉地)가 백에 몇이나 될까? 잘 쓰면 당대 발복이요, 아니면 후대에서 나타난다지만 사신사* 고루 갖춘 명혈길지 찾기가 그리 쉽겠는가. 반면 잘못 쓰면 후환이 더 크다고 한다. 동기감응론이다. 장지 부족으로 쓸 곳 마땅찮다고 바람 드세고 물 흐르는 풍습한 곳은 쓰지 말아야 한다. 더구나 오염*이 드는 곳과 도시혈* 등 흉지는 반드시 피해야 한다. 그러기에 이제 매장 문화에 대한 인식 전환이 필요한 때이다. 풍수가들의 말에 의하면 화장(火葬)은 무해무득하다고 한다. 그렇다면 허황된 조상의 음덕 허상을 쫓기보다는 화장 문화로 바꾸고 스스로 운명을 개척해 나가는 것이 바른 자세일 것이다.

16세기 초 조선조의 명풍 남사고는 역학·천문지리·복서·상법에 달통한 이인(異人)이었지만, 아버지 묘를 구천십장(九遷十葬)하고도 명당에 모시질 못하고, 내 복이 아니면 쓸 수 없다는 것을 깨달았다고 한다. 그런 복은 수대에 걸친 무한한 덕을 쌓아야만 받을 수 있다고 한다.

매장 문화! 이제 계속 고집할 일만은 아닌 것 같다. 시대에 맞게 합리적인 방법을 찾을 때다. 하지만, 기왕에 모신 조상 산소는 좋은 전통을 살려서 후손이 계속 잘 보존하고 관리해 나가야 할 것이다.

'조상님! 열심히 바르게 살겠습니다. 그리고 명년에도 변함없이 벌초하고 때때로 성묘 하도록 하겠습니다.' 마음속으로 다짐하며 하산한다.

'고맙다. 열심히 사는 만큼 복 받을 것이다.' 하는 조상님의 음성이 등 뒤에서 들리는 듯하다.

*치표(置標): 묏자리를 미리 잡아 표적을 묻어서 무덤처럼 만들어둔 곳을 말함.
*사신사(四神砂): 청룡 · 백호 · 주작 · 현무의 사세(四勢)를 말함.
*오염(五炎): 오렴(五濂)이라고도 하며 무덤 속에 염이든 상태를 분류한 것으로 목염(木炎) · 수염(水炎) · 화염(火炎) · 풍염(風炎) · 충염(蟲炎)을 말한다. 시신의 육탈소골(肉脫消骨)이 순조롭지 않아서 그 흉한 기운이 후손들의 기(氣)에 감응하여 극심한 화를 끼친다고 함.
*도시혈(盜屍穴): 특수 지층을 이루고 있는 지표층과 연약지반 사이에 시체를 묻으면 시체가 밑으로 빠져나가는 사면이동(斜面移動)현상이 있는 묘.

# 우리 가족 행복 만들기

서혜경
seo_hk@naver.com

일요일, 남편과 아들은 특별한 일이 없다면 늦잠을 자는 날이다. 그런데 오늘은 가족이 평일처럼 일어나 간단히 아침을 먹고, 어제 준비해 놓은 옷을 입었다. 혹시 하는 마음에 옷을 더 챙기고 필요한 화장품을 준비해 약속 장소로 출발했다. 평소 모임이 있을 때 어머니와 다섯 딸들의 가족들은 모두 모이기 쉽지 않은데, 오늘은 놀랍게 모두 10시 정각에 모였다. 2주 전, 어머니 생신에 가족사진을 찍기로 결정했고 오늘 그 사진을 찍으러 모인 것이다.

올해 어머니의 연세 일흔 둘. 칠순에 가족사진을 찍고 식사를 하려고 했었다. 그런데 여동생 중 한 명이 몸이 아파서 어머니는 모든 것을 취소하고 조용히 그 동생을 지켜주셨다. 두 해가 지나고 그 동생은 이제 건강이 많이 좋아졌다. 아들과 둘째 동생의 아들은 이제 가을과 겨울에 군대에 입대할 예정이다. 어머니 생일이 가까워지자 나는 다들 바쁜 시간이지만 가족사진을 찍는 일이 무엇보다 우선이라는 생각이 들었다. 그래서 가족사진 찍는 것을 더는 미룰 수가 없었다.

한두 달 전에는 모두에게 사진얘기를 했어야 했는데, 3주 전에야 얘기를 했다. 바쁜 제부들에게는 뻔뻔한 모드로 부탁을 했었다. 그래서 남편과 아들에게 한 소리를 들었다. 가능하면 무슨 일이든지 미리 계획해 주었으면 좋겠다는 얘기였다. 또, 사진관에 대해서 총무인 막내(다섯째) 여동생이 알아보고, 최종 세 군데 중 가족투표를 통해 한 곳을 골랐다.

일요일 사진촬영을 위해 금요일, 나는 남편에게 사진을 찍기 위해 정장 한 벌과 캐주얼 한 벌을 가져가야 한다고 알려줬다. 남편에게 정장을 입어보라고 했다. 평소 정장을 즐겨 입지 않았던 남편은 내 잔소리에 할 수 없이 옷을 입어봤다. 이것저것 골라서 입어봤지만 잘 맞지 않았다. 남편이 예전에 비해 날씬해진 것이다. 평소 옷 사기를 싫어하던 남편이지만, 사진을 찍기 위해 저녁에 갑자기 옷을 사러 나가게 되었다.

나는 옷에 대해서는 크게 신경 쓰지 않았지만, 화장이 제일 걱정이었다. 일단 머리를 감고 세수를 하고 화장을 했다. 그리고 넷째 동생에게 스마트폰으로 내 모습을 찍어서 보냈다. 동생은 영 아니라고 했다. 나는 얼굴과 머리를 다시 깨끗하게 정리하고 또 사진을 다시 찍어서 보냈다. 걱정스런 동생은 나에게 내일 기본으로 얼굴과 머리를 하고 오면 제대로 화장을 봐준다고 했다. 스타일리스트 같은 동생 덕택에 화장에 대한 걱정이 없어졌다.

드디어 사진을 찍는 날. 서울 목동에서 사는 넷째 동생 가족은 40분이나 빨리 도착했다. 나의 화장을 돕기 위해 제일 먼저 도착을 한 것이다. 동생은 나의 헤어스타일과 화장을 완전히 다르게 변화시켰다. 내 마음에 꼭 들었다. 동생의 마음 씀씀이에 고마웠다. 남편과 아들은 진심인지 모르지만, 멋있다고 했다. 동생들은 오늘 한껏 멋지게 하고 왔다. 더 보기에 좋은 것은 조카들이었다. 대학생과 고등학생, 중학생, 예쁜 초등학생과 유치원생. 아들과 조카들을 보고 있으니 나는 그냥 보고 있어도 저절로 웃음이 나왔다.

어머니는 원래 타고난 미인이지만, 셋째 동생이 '오드리 헵번' 이상으로 멋지게 가꾸어서 모시고 왔다. 사진을 찍기 시작했다. 맨 처음 어머니의 독사진을 찍었다. 그 다음 전체 가족사진을 찍었다. 뿌듯했다. 그리고 동생들이 가족단위로 각각 찍었다. 또 어머니를 모시고 우리 자매들이 함께 찍기도 했다. 여러 가지 포지션으로 사진을 찍었다. 그중에도 어머니는 손자들과 찍을 때 제일 흐뭇해했고 즐거워하셨다. 가족은 하나의 시간을 같이 공유하여 또 다른 기억을 만들었다.

사진은 4주 후에나 받는단다. 아침 10시에 시작한 두 시간의 촬영시간. 재미있는 사진을 찍어준 기사에게 감사했고 어머니와 다섯 자매들, 그 제부들과 조카들도 참 고마웠다. 물론 내 남편과 아들은 두말할 것도 없다.

스튜디오에서 나와 점심 식사를 하고, 어머니 집에 가서 생일케이크와 맛있는 빙수를 먹고 집으로 돌아왔다. 아침 8시부터 오후 4시까지 수고스러운 시간이었지만, 멋진 사진을 받았으면 하는 기대를 갖게 된다. 남편은 사진관 기사들이 사진을 찍을 때 그 옆에서 스냅사진을 찍었다. 그리고 그것을 카카오톡으로 처제들에게 보내주었다. 4주 후 사진관에서 받아볼 사진과는 다르겠지만, 남편이 나름대로 잘 찍어서 가족들에게 보내준 것이다. 재미있는 사진을 미리 볼 수 있어서 좋았다.

이제야 아침에 정신없이 나간 집을 치우고 책상에 앉았다. 예전에 찍은 가족사진과 지금의 사진을 비교해 보았다. 한 장의 사진은 72년 1월 30일에 찍은 외할아버지 회갑 사진이다. 거기에는 외할아버지와 외할머니, 그리고 9명의 자식과 가족이 있는데, 딸 중 셋째인 어머니, 아버지, 나와 둘째 동생도 들어있다. 또 내 지갑 한쪽에 들어있는 다른 한 장의 사진은 12년 전 어머니 생신에 찍은 회갑 사진이다. 그 사진에는 돌아가신 아버지도 들어있고, 막내 여동생은 첫 번째 딸만 안고 있다. 그리고 이번에 찍은 어머니의 늦은 고희(古稀) 사진. 두 장의 사진과 이번의 사진. 시간은 지나도 어머니와 가족의 사랑은 그 모습 그대로 남아있다.

오늘도 몹시 더운 여름날이다. 하지만 나에겐 행복한 날이다. 어머니를 포함한 온 가족들은 오늘 하루 추억을 만들고 즐거워했다. 덕분에 사진 속에 우리가족의 사랑, 행복을 가득 담았다.

# 꽃사과나무

서숙자
67crystal@hanmail.net

늦가을이면 꽃사과나무 아래를 자주 걷는다. 볼수록 안타까운 나무지만 동병상련을 느끼게 해 좋아한다. 가진 것에 만족하고 모자라는 것은 그대로 받아들이자며 이야기를 나눈다.

이 나무는 수형이 우람하지 않아 아파트 주위에 많다. 이른 봄 푸릇푸릇 돋아나는 새싹은 겨우내 추위에 지치고 얼어붙은 마음을 따뜻이 녹여준다. 꽃은 눈부신 흰색이지만 자세히 보면 아주 연한 연두색과 분홍색이 섞여있다. 가지마다 다닥다닥 피어 어느 봄꽃과도 비교할 수 없을 만큼 청순하다

날씨가 점점 더워지면 꽃 진 자리에 열매가 맺혀 서서히 익어간다. 탐스런 열매를 맺으려 햇살을 받고 싶어 안달이다. 대추만한 자주색 열매가 가지가 휘어질 만큼 주렁주렁 열려 조금만 손을 올려도 딸 수 있다. 하지만 아무도 따려고 들지 않는다. 살구 대추 은행이 축 처진 가지에 매달렸다면 그냥 두지 않을 것이다. 가게마다

무르익은 오색과일이 쏟아져 나와 눈을 즐겁게 하고 달콤한 향기가 코끝에 스민다. 꽃 사과 열매는 찾아볼 수 없다.

'어쩜 먹을 수 없을 만큼 맛이 쓰고 떫겠지'라고 생각하며 한 개를 따서 맛을 본다. 껍질도 연해서 아삭하고 새콤달콤한데 먹고 난 뒤 떫은맛이 입 안에 남는다. 몇 개를 맛보니 더는 먹고 싶지 않다. 굳이 돈 주고 사먹을 것 같진 않다. 아, 산에 있다면 야생동물의 좋은 먹잇감이 될 텐데….

안타깝다. 청초한 꽃. 무성한 나뭇잎. 예쁜 열매. 그런데 딱 하나 부족함이 있다면 열매 맛이 그다지 좋지 않다는 것뿐이다. 가을 내내 단풍 들 생각도 안 하고 초록 잎 사이 자줏빛 열매를 주저리주저리 매달고 있다. 그러다가 그대로 쪼그라져 엉겨 붙거나 떨어지고 만다.

입동이 지난 늦가을, 아파트 뒤길 꽃 사과나무 아래를 걸을 땐 마음이 아프다. 떨어진 열매가 사람 발길에 짓밟혀 피투성이가 된 채로 터져 있다. 울퉁불퉁 못 생긴 모과도 차와 한방 약재로 쓰이는데 이토록 매끈한 게 쓸모없이 버려지고 흔한 과일주 재료도 못되다니… 겨울바람이 몰아치면 올 한 해 나무의 일생을 마감할 텐데.

인간의 관심에서 외면당한 꽃 사과나무. 낙심천만일 심정. 하지만 나무는 태연하다. 불만이 없는 듯 의연하다. 자신의 문제를 잘 알고 회피하지 않는다. 아니 그걸 딛고 일어서는 듯하다. 만약 나무가 소외감에 어쩔 줄 몰라 한다면 이듬해 그토록 아름다운 꽃을 다시 피우진 않을 터이다.

나무는 부족함을 온전히 받아들이는 듯 속삭인다. '괜찮아요. 나에겐 사람을 황홀하게 하는 꽃과 그늘이 되는 무성한 잎이 있잖아요. 이렇듯 잘 자랄 수 있는 것만 해도 고맙죠. 나에게 관심을 갖고 사랑해주는 당신이 있어 행복해요'라고. 우리네 인생도 그렇다. 나이든 사람이 모이면 '한 가지 모자람 없는 사람 없다'라든지 '한 가지 걱정거리 없는 집 없다.'라는 말이 오간다.

사람은 다 결핍을 안고 있다는 삶의 통찰일 것이다. 집집마다 대문 열고 들여다보면 문제 하나쯤 있기 마련이라는 것을. 온갖 복이 주어졌다고 느낄지언정 주위를 살피며 겸손히 요란 떨지 말고, 설령 고통이 있다 해도 순순히 받아들이라는 뜻이리라. 한 번 더 생각하면 해결 못할 걱정거리는 아닐 테니까. 아주 방법이 없는 건 아닐 테니까.

그러하다. 이 나무는 아파트보다 산에 있어야 한다. 꽃 사과를 맛없게 만든 신의 숨은 뜻을 찾아야 한다. 사람에겐 꽃을, 야생동물에겐 먹잇감을 주라는… 도토리는 맛이 좋아 사람들이 좋아한다. 산에선 사람과 다람쥐가 도토리 쟁탈전을 벌인다. 올핸 태풍으로 도토리 결실량이 모자라 배고픈 다람쥐가 많을 것 같단다. 맛없는 꽃 사과 열매는 겨울잠을 자기 전 배불리 먹어야 할 다람쥐, 토끼, 청설모 같은 야생동물에겐 성찬(盛饌)이 될 것이다. 거기서 꽃 사과 나무는 결핍이 아닌 신의 은총이 될 것이다.

헛헛해지는 가을, 버려진 열매를 보고 마음을 가다듬는다. 열매 맺기 위해 최선을 다했을 나무, 결과는 나무의 몫이 아니라 신의 숨은 뜻이리라. 나무의 부족함은 큰 모자람이 되지 않는다. 꽃도, 열매도 없는 나에게 이 나무는 위로가 되는 소중한 존재이다.

나무가 속삭인다. '나는 튼실한 열매를 맺기 위해 나름대로 최선을 다 했지요. 사람이 먹을 수 있게는 못하지만 다람쥐를 배부르게 하고 벌과 나비에겐 꿀도 주지요'라고.

나는 늘 바보타령이다. 부족한 게 한두 가지가 아니다. 이 모자람을 위해 건배할 것까진 아니지만 때론 고마워해야겠다. 스스로 고개를 숙일 수 있고 그런대로 어디엔가 쓸모 있을 곳을 찾기 때문이다.

꽃사과나무에게 말한다. "너의 부족함이 어느 곳, 그 누구에게 어떤 보완 내지는 충족함으로 나타날 수 있을 거야"라고. 그러고 보면 나의 결핍도 어느 곳, 그 누구에게 작은 위로가 될지 모를 일이다.

# 3장

# 꽃띠장화

손수자
solnae12@hanmail.net

'마누라 없인 살아도 장화 없인 못 살아.'라는 말이 있다. 예전에 탄광촌에서 흘러나온 말이다. 비가 오면 쌓여있던 탄가루가 죽탄이 되어 도로를 덮으니 길을 걷는 사람은 온통 검둥이가 되었다. 비 오면 진흙구렁이 되어버리는 곳도 같은 경우다. 그 순간은 마누라보다 더 절절한 것이 장화였음이리라.

우리 집 현관에도 항상 고무장화 두 켤레가 놓여 있다. 남색의 민무늬 장화와 흰 꽃과 분홍 꽃무늬가 어우러진 장화다. 남색 장화는 늠름하고 꽃무늬 장화는 화사하다. 꽃무늬 장화가 젊은 여인처럼 싱그러워 꽃띠장화라고 불러준다. 이들은 언제라도 주인을 모시고 일터로 나갈 채비를 갖추어 나란히 서 있다. 둘은 틈틈이 텃밭에서 함께 일하곤 한다.

꽃띠장화는 주인에게 충성을 다한다. 흙과 오물이 주인의 발에 묻지 않도록 제 몸으로 막는다. 개미가 기어 올라오면 곧 미끄러져 떨어지게 한다. 지렁이를 보고 놀란 발을 감싸며 다독거린다. 잡초가 우거진 풀밭에서는 혹시라도 출현할 뱀이 있을까 긴장하며 미리 살핀다. 궂은 일 다 하면서도 불평이나 지친 기색 없이 늘 명랑하다. 모습은 아리따운 여인 같으나 제 역할은 사내대장부 못지않다. 어느 사이에 나의 분신과 같은 존재가 된 꽃띠장화! 텃밭에서 일할 때뿐만 아니라 수돗가에서 채소를 씻을 때, 이불 빨래를 할 때에도 의례히 동행한다. 숲속에서도 등산화보다 꽃띠장화와 함께 거니는 것이 더 편하고 즐겁다.

내가 장화를 처음 신어본 것은 초등학교 3학년 때였다. 아버지가 검정고무장화를 사주셨다. 그 장화를 방안에서 신었다 벗었다 하며 무척이나 기뻐했다. 어서 눈이 오기를 기다렸다. 초등학교 2학년까지는 집 근처의 분교에 다니다가 3학년이 되면서 4킬로미터나 되는 본교로 등하교 하게 되었다. 비가 오면 질퍽거리고 눈이 오면 양말이 젖어 꽁꽁 언 발로 먼 길을 걸어 학교에 다녔다. 아버지가 사주신 장화 덕분에 내 발이 호강했다. 대부분 가난했던 시절, 장화를 신은 아이는 부러움의 대상이었다. 불현 듯, 말 없으시던 아버지의 속정이 가슴을 뭉클하게 한다.

신혼 시절에 남편이 사준 흰색 고무장화는 사랑을 확인하는 척도였다. 새로 부임한 수원 변두리 직장 진입로와 운동장이 비만 오면 진흙탕이 되었다. 흙이 얼마나 차진지 구두에 덕지덕지 달라붙어 떨어지지 않았다. 그 순간은 '장화를 꼭 사야지.'라고 했다가 맑은 날이 되면 곧 잊어 버렸다. 어느 날, 밤새 갑자기 내린 비로 출근길이 막막했다. 아침 식사 준비를 하면서 남편에게 장화를 사달라고 부탁했는데 "이 시각에 신발가게 문을 열기나 했나?"라며 시큰둥했다. 헌화가[1])를 불러대듯 하던 남자, 결혼한 지 몇 달이나 되었다고 태도가 달라지다니….' 서운함에 눈물이 핑 돌았다. 그런 내 얼굴을 본 남편이 슬그머니 자리를 피했다. 얼마 후, 그의 손에 들린 흰색 고무장화 한 켤레가 덩실덩실 춤추며 들어오지 않는가. 이른 아침이라 문을 채 열지 않은 신발가게 문을 두드려 사왔단다.

그 후 한동안 장화를 신은 기억이 없다. 웬만한 길은 포장되었고 교통편이 좋아졌을 뿐더러 자가용시대가 열렸다. 고무장화는 농어촌이나 공사장에서 궂은일을 하는 사람들이나 사용하는 물건이고 나와는 전혀 상관없었다.

그런데 전원생활을 하게 되니 장화가 꼭 필요했다. 10년 전, 양양 재래시장에서 튼튼하고 더러움을 덜 타는 남색 장화를 샀다. 남편 장화와 크기가 다를 뿐 같은 모양이었다. 그 장화와 7년을 함께 지냈는데 왼쪽 뒤꿈치에 병이 나고 말았다. 발에 꼭 맞는 장화를 샀더니 신고 벗는 과정에서 시달리다가 견디지 못하고 접착 부분이 터진 것이다. 옛 시절 아버지처럼 검정 실로 꿰매어 신으려다가 꽃띠장화를 새 식구로 맞이했다.

꽃띠장화는 바라보기만 해도 함께 일하고 싶어진다. 꽃띠장화에 발을 디밀면 힘이 솟는다. 발걸음이 가볍고 호미질 하는 손이 즐겁다. 꽃띠장화에 진흙이 묻을세라 진 곳 마른 곳 가려 다닌다. 곱고

---

1) 신라 성덕왕(聖德王) 때, 소를 몰고 지나가던 노인이 부른 사구체 향가(四句體鄕歌). 순정공의 아내인 수로 부인이 벼랑 위에 핀 철쭉꽃을 탐내자, 소를 몰고 가던 어떤 노인이 그 꽃을 꺾어 바치며 불렀다 하며 《삼국유사》에 실려 전한다.(어학사전)

청순한 몸이 흙투성이로 되는 것이 안쓰럽게 여겨지기 때문이다. 앞서 신었던 남색 장화는 장소를 가리지 않고 다니며 궂은 일 다 시킨 것에 비하면 대조적이다. 무엇이든 예쁘고 볼 일인가.

그럼에도 불구하고 꽃띠장화는 꽃다운 자태가 점점 퇴색되어 간다. 일을 마치면 수돗가에 데려가서 비누질을 하고 싹싹 문질러 닦아주어도 기미 낀 듯하다. 우리 집에 처음 왔을 때의 해맑은 꽃띠 모습이 아니다. 맨몸을 땡볕에 드러낸 채 사철 일을 하게 된 게 어언 3년, 연약한 몸이 어찌 견뎌낼 수 있을까. 내 블로그에 저장된 내 사진도 그러하다. 십 년 전, 이곳에 와서 고구마를 첫 수확했을 때, 양손에 큼직한 고구마를 들고 활짝 웃으며 찍은 사진만 보아도 지금에 비하면 꽃띠였다. 산촌 아낙 같지 않은 세련미도 있었다. 그러나 숲속을 산책하고 텃밭을 가꾸며 지낸 세월이 즐거웠다 하더라도 나 역시 꽃띠장화처럼 낡아지고 있음은 거스를 수 없는 순리이리라.

깨끗이 닦은 꽃띠장화를 남편장화 곁에 나란히 놓으면 금슬 좋은 부부 같다. 무뚝뚝해 보이나 은근한 정이 깊어 아내를 너른 가슴으로 감싸주는 남자, 남편의 처진 어깨를 환한 미소로 다독거리며 행복한 분위기를 연출하는 지혜로운 아내, 내가 부러워하는 부부의 모습이다.

아무리 후한 점수를 주어도 애교라고는 평균점수 미달인 여자, 고운 정 미운 정 나누며 더불어 살아온 세월에 기대어 남편에게 무심한 듯 덤덤한 내가 아닌가. 시들어 가는 꽃띠면 어떠랴. 나도 꽃띠장화처럼 남편 곁에 슬그머니 서 볼까나.

# 가방 내가 들어줄게

신윤선
sojong07@hanmail.net

"어머나 친구야 너 맞구나 정말 반갑다. 이게 얼마만이니. 너무 보고 싶었다." 우린 길가에서 남의 눈총도 아랑곳없이 얼싸안으며 이리 보고 저리 보며 큰소리로 반겼다.

요즘 들어 종종 옛 친구가 생각이 나더니 기적 같은 만남이 이루어졌다. 누군가를 애타게 그리워하면 만난다는 설을 실감하였다.

명동에서 모임이 있어서 오랜만의 나들이에 한껏 멋을 내고 나갔다. 시시각각 변하는 시대지만 정말 변해도 몰라보게 변했다. 가끔 갔던 경양식집도, 분위기 좋던 커피집도 위치만 생각날 뿐 화려한 의류상가로 변해져 있었다. 혼잡한 상가에서 이것저것 걸치며 신고 써보고 법석였다. 젊은 애들이 즐겨하는 팔찌도 사고 모자도 샀다. 애들처럼 서로의 매무새를 봐주며 젊은이들의 틈새에 끼었다.

한숨 돌리자며 붐비는 명동을 나와 백화점 쪽으로 향해 걸었다. 맞은편에서 한 여인이 양 손에 물건을 든 채 무겁게 걸어오고 있었다. 낯설지 않은 모습이라 보고 또 보는데 그도 나를 보며 갸우뚱하는 모습이 분명 아는 사이임엔 틀림없는 것 같았다. 서로의 걸음을 멈추며 주춤하자 그녀가 말을 건네 왔다. “혹시 M 초등학교 졸업생 아니세요?” 그녀의 웃는 모습에서 어렴풋이 기억이 났다. 요즘 들어 유난히 생각나던 친구 S라는 것을.

체면치레도 없이 서로 얼싸안고 큰 웃음을 내면서 한바탕 해후를 맛보았다. 일행에게 양해를 구하고 친구와 카페로 들어갔다. 옛날 생각하며 빙수를 시켰다. 얼음을 강판에 갈고 팥과 미숫가루를 얹어먹던 국민학교(초등학교)시절을 얘기하면서 얘기꽃을 피웠다. 그녀는 척추 대수술로 걷는 게 불편하고 집안일조차도 힘들어 무료한 생활을 한단다. 하도 답답하여 바람이나 쐬러 나왔는데 싸고 좋은 필요한 물건들이 맘에 들어 샀다며 펼쳐 보인다. 가방 하나 들기도 버거운 몸인데 주섬주섬, 주책 아니냐고 하면서도 보따리를 끌어안는다.

참으로 바지런하고 정의롭고 배려 많은 친구였다. 어머니께서 작은 밥집을 하셨기에 일을 도와야 한다며 또래와 어울릴 시간 없이 하굣길을 재촉했던 그녀다. 그러던 중에도 수술을 받은 후 활동이 어려워 체육 시간이면 교실을 지키는 내게 콩 볶음 한줌 손에 쥐어주기도 하고, 수업이 끝나기 무섭게 자리로 와서 가방 정리를 도와주곤 ‘가방 내가 들어줄게’ 하며 집까지 바래다준 일이 많았다.

그땐 걸음걸이만 좀 이상해도 뒤에서 수군거리고 놀리곤 했던 시절이었다. 가방을 메고 들고 한손으로 내 손을 잡고 집으로 향하다 보면 어떤 친구는 귓속말로 무언가 한마디 하며 앞질러 간다. 그런 친구를 신주머니로 냅다 등을 치곤, 친구 놀리면 안 된다고 톡 쏘는 말을 한다. 그럴 때마다 늘 내 등을 토닥이며 곧 잘 걸을 수 있을 거라고 용기까지 주면서 느린 내 걸음 보를 맞추며 데려다 주었다.

갈래머리로 딴 모습이 잘 어울리던 예쁜 소녀가 마음도 예쁘다면서 우리 집에서 많은 사랑을 받았다. 집안 사정이 좋지 않았던 것 같았다. 내가 배정받은 중학교를 부러워하며 버스 번호를 알려주고 헤어진 것이 마지막이었다. 그때만 해도 통신이 잘 안 되었고 이사까지 하였기에 그저 가슴속의 친구로 남아있었다. 몇 번 동창들에게 안부를 물었지만 소식을 아는 사람은 없었다. 그런데 근래에 유난히 생각나더니 참 반가운 만남이었다.

시간 참 빠르다. 자주 연락하자는 말을 남기고 일어서려는데 도와달라고 손을 내민다. 부축하여 세워주곤 "가방 내가 들어줄게" 하니 멋쩍게 웃는다. "이젠 너 건강해 보이는구나. 옛날에 네 책가방 들어다 준 일 생각나니?" 묻는다.

"그때 네가 너무 약해보여서 가방을 들어다 줘야겠다는 생각도 있었지만 그 덕에 네 어머니가 직접 만드신 빵도 얻어먹었지." 어깨를 들썩이며 웃는다. 간식거리가 변변치 않던 때라 먹을 것만 보면 군침을 흘렸다면서 속내를 말한다.

친구와 길가로 나왔다. 택시를 잡아주려 했더니 전철이 편하다해서 역을 향해 걸었다. 수술 후유증이기도 하겠지만 몸집이 커서인지 뒤뚱거리고 느린 걸음이 지루하게 느껴졌다.

지나가는 사람들이 나와 친구를 번갈아 보며 길을 터준다. 팔을 끌며 걸음을 재촉하니 친구가 말한다. 멋쟁이 친구가 저 때문에 모양새 구겨진다고 잡은 팔을 빼면서 괜찮으니 그냥 돌아가란다. 뜨

끔했다. 달아오른 얼굴을 들킬까봐 친구의 목을 감싸 안았다. 나직한 소리로 "잘 가, 담에 보자."는 말을 하고는 서둘러 뒤돌아섰다.

오는 차 안에서 내내 속이 편하지 않았다. 돌이켜 생각해보면 난 그 친구의 도움으로 집에 가는 길이 편했고, 걸음걸이가 불편한 나를 놀리는 친구들을 제압해 주면서 내 마음 다칠까봐 토닥이며 감싸 주었었다. 그랬던 그녀를 작은 체구에 보따리도 있었는데 전철 안까지 데려다 주지 못한 내 모습이 너무 야속했다. 내 가방을 들어다준 친구는 빠짐없이 꼭 내 방까지 들여 주고 갔는데 말이다.

잘 들어갔는지 몹시 궁금했지만 전화를 못했다. 밤새 뒤척이며 잠을 못 이루었다.

즐겁고 반가운 하루가 어둡게 마무리되는 경험을 하면서 나 자신을 쓰다듬어 본다. 그래 내일 전화하자. 미안하다는 말은 말자. 그저 외롭게 살아가는 그녀와 잦은 만남의 시간을 갖자. 다음에 만났을 땐 여유 있게 맛난 것 먹고 친구가 갖고 싶은 소박한 것들을 맘껏 사야겠다.

그리고 귀갓길엔 서슴없이 '가방 내가 들어줄게.' 타고 가는 전철에서 손도 흔들어줘야겠다.

친구야!

# 있으나마나 한

신혜경
newblessing@hanmail.net

이 세상에는 세 가지 유형의 사람들이 있다. 그 첫째는, 꼭 필요하니 '있어야 할 사람'이요 그 둘째는, 있어도 그만 없어도 그만인 '있으나마나 한 사람'이고 마지막으로 '있어서는 안 될 사람'이 있다.

재임 시절 학생들에게 언제나 이 세 유형을 강조했다. 있으나마나 한 사람이나 있어서는 안 될 사람이나 세상에서 없어야 할 사람이 아닌 '꼭 있어야 할 사람', 즉 '꼭 필요한 사람'이 되어야 한다고. 퇴임한 지 5년이 훌쩍 지난 요즈음, 갑자기 이 말이 자꾸 생각난다.

'요즘 아들은'이라는 말이 있다. 듣노라면 입가에서 웃음을 지울 수 없다. 그러나 웃을 수만은 없는, 그리고 어쩔 수 없는 우리의 현재 모습이 아닌가 생각하게 된다. "낳을 땐 1촌, 대학 가면 4촌, 군대 다녀오면 8촌, 결혼하면 사돈의 8촌, 사춘기가 되면 남남, 군대 가면 손님, 장가가면 사돈, 자식 낳으면 동포, 이민가면 해외동포.

장가간 아들은 희미한 옛사랑의 그림자, 큰 도둑, 잘난 아들은 나라의 아들, 돈 잘 버는 아들은 사돈의 아들, 빚진 아들은 내 아들 등등."

아들은 아니지만 나에게는 있으나마나 한 남동생이 있다. 담임목사님의 안식월로 우리 교회에 초빙되어온 동생은, 나라나 사돈의 아들도 아닌 하나님의 아들이기에 얼굴 보기 정말 힘들다. 나는 봉사부장으로 1부 예배 후는 성도들 식사를 준비하느라 2, 3부에 설교하는 동생의 설교를 들을 수 없다. 다만 식사하러 내려왔을 때 잠시 동생 내외의 얼굴을 볼 뿐이다.

청년부 예배 설교까지 해야 하는 동생을 만나려고 식당 뒷정리도 차장에게 맡긴 채 집으로 달려와, 힘든 것 참으며 저녁상 준비해놓고 눈 빠지게 기다렸다. 6시가 넘어도 오지 않더니 메시지 한 통이 날아왔다. 죽마고우 J교수 내외와 저녁 먹고 온단다. 눈물이 왈칵 솟았다. 친구도 좋지만 이 누이가 얼마나 기다렸는데… 저녁 먹을 생각도 사라졌다. 만사가 귀찮은 녹초가 된 몸으로, 그 피곤을 무릅쓰고 밥상을 차렸건만! 그대로 침상에 누워버렸다.

문득 오래전 어머니와 동생의 편지 대화가 떠오른다. 40이 훌쩍 넘어 얻은 아들. 편애하며 키우시지는 않았어도, 늦둥이 장남에 대한 기대가 얼마나 크셨을까마는 내색하지 않으시고 눈물의 기도로 양육하신 어머니시다. 아들은 공부하느라 미국, 캐나다, 네덜란드 등지로 10여 년 넘게 떠나 있었다. 그 긴 세월 홀로 얼마나 그립고 보고 싶으셨을까.

독일에서 공부하던 큰딸, 지방에서 근무하던 작은딸. 외로움과 그리움을 편지로 녹이셨다. 기도의 편지를 몸 약한 딸 위해 교장선생님에게까지 보내셨다. 그 편지 받으신 교장선생님마다 감동하여 어머니를 만나 뵙고 싶어 했다. 아들에게 쓰신 어느 날의 편지에, "아들의 도움이 필요한데, 멀리 있어 아무 도움이 안 되네." 동생의 답장이다.

"멀리 있어 있으나마나 한 아들 그리워하지 마시고, 늘 함께 계시는 하나님 의지하시고 힘내세요."

어머니께 드리는 위로의 말이겠지만 얼마나 매정한 말인가. 그 이후로 동생은 '있으나마나 한 아들'로 놀림거리가 되곤 했다.

"누님, 잠들었네. 미안해요, 미안해요."

흔들어 깨우는 소리에 눈 뜨니 9시가 훌쩍 넘었다. 허겁지겁 달려온 동생은 지쳐 잠든 나를 깨우기를 주저했단다, 너무 미안해서. 차려진 그대로 있는 밥상. 식사하고 왔음에도 굶은 누이를 위해 늦은 시각 함께 먹어준다. 그 마음이 오죽하랴! 하지만 다음날 아침 일찍 강의가 있어 집으로 가야 하는 동생이니 주섬주섬 나누어 줄 것을 싸는데 또 눈물이 난다.

속으로 '있으나마나 한 동생'을 중얼거리다 나의 이기심에 세차게 고개를 젓는다. 어떤 동생인가. 비록 누이에게 소홀해도 없어서는 안 되는 꼭 필요한 사람이다. 학생들에게 존경받는 교수요, 학계와 교계에서 인정받는 실력파 학자요 목회자다. 강의는 물론 하나님이 크게 쓰시는 목회자로 설교, 세미나, 언론 매체 출연, 투고, 집필 등으로 눈코 뜰 새 없이 바쁘다. 국내외로… 건강이 염려될 정도다. 평범한 사람인 누이는 어쩔 수 없다고 체념했으면서도 서운할 때가 많다.

그런데 어떤 의미에서 볼 때 크게 문제가 되는 사람은 있으나마나 한 사람도 아니고 있어서는 안 되는 사람도 아니라, 바로 없으면 안 되는 사람이라고도 할 수 있다. 누구든지 그 자리에 없을 때가 있다. 그때 그 사람이 있던 곳은 큰 타격을 입는다. 또 없어서는 안 될 사람으로 인식되고 인정받은 사람은 자기도 모르는 사이에 교만하게 될 수도 있기 때문이다.

세상에는 없어서는 안 될, 꼭 필요한 사람들이 있다. 사람들에게 희망을 주기 위해, 사랑을 베풀기 위해, 나누기 위해, 보다 좋은 세상을 만들기 위해 없어서는 안 될 사람들이 필요하다. 정직하고 용기 있는 사람, 진리와 정의를 추구하는 사람, 양심적이고 겸손한 사람, 자신의 이익을 추구하지 않고 베푸는 사람들, 밝은 세상을 위해 노력하는 사람들이 반드시 필요하다.

그러나 모든 사람이 있어야 할 사람과 있어서는 안 될 사람, 있으나마나 한 사람으로 구분하지는 말자. 모두가 있어야 할 사람들이기 때문이다. 모두 다 중요하고 소중한 사람이다. 하여, 꼭 필요한 사람과 그렇지 않은 사람으로 구분할 수는 있겠으나, 그보다는 자신을 소중하게 생각하고 스스로 중요한 사람으로 여기게끔 가르치는 것이 정녕 가치 있는 일이 아닐까. 교만하지 않고 스스로 필요한 사람이 되며, 꼭 필요한 사람이란 어떤 사람인지 생각하며 살아야 하지 않을까.

나도 지금껏 모든 일에 최선을 다했다. 어디서든 없어서는 안 되는 사람이 되려고, 완벽을 추구하느라 무진 애썼다. 나 아니면 기둥이 무너진다, 잘 되는 일 없다며 자기 최면에 빠져있었다. 아픈 줄도 모르고, 아플 줄도 모르고. 생각하니 그건 교만이다. 나 없이도 일이 잘될 수 있음을 인정하자. 없어서는 안 될 사람이 되려는 강박을 벗어버리고, 있으나마나 한 사람으로 살자. 나를 꼭 있어야 할 사람으로 아껴주는 사람들을 위해 아니, 나대신 꼭 그 자리에 있어야 할 누군가를 위해 기꺼이 밑거름이 되자. 하여, 없어서는 안 될 사람이 아니라 있으나마나 한 사람으로 여유롭게 살자.

# 봉선화 사랑

안 태 희
thee5244@hanmail.net

"뚜- 뚜-……."

skype(화상 인터넷) 전화벨이 울려 빠르게 달려가 클릭했다.

"할머니! 안녕!" 손녀의 얼굴이 모니터에 꽉 차있다. 쓰다듬고 안아 주며 정을 주고 싶은데, 턱도 없이 부족하고 성에 안찬다. 그림의 떡이다. 그래, 목소리라도 듣고 동영상으로 얼굴을 보니 그래도 전화에 비하면 감지덕지다.

'꽃녀'는 외손녀 '햇살'의 애칭이다. 꽃녀의 엄마는 나의 셋째 딸이다. 꽃녀는 한국에서 출산하고 18개월 만에 제 아비의 나라 이탈리아의 밀라노로 돌아갔다. 제 동생이 들어서자 1년 6개월 만에 다시 내 곁으로 왔다. 제비가 때가 되면 제 고향 찾아가듯 1년 만에 또 떠난다. 그사이 쌓아 올린 정이 무너질까 염려다. 사랑의 증표를 만들어 주면 볼 때마다 할미 생각이 나겠지! 손톱 발톱에 봉선화 꽃물을 흠뻑 들여주자. 제 손과 발톱에 물든 것이 남아있는 동안만이라도, 할미를 기억해 주겠지! 속으로는 '네 살이 겨우 넘은 어린것에게 바랄 걸 바라야지!' 하면서 꽃밭에 앉아 봉선화 꽃잎을 딴다.

"할머니의 어린 시절 옛날이야기 해줄까?"

"네! 해주세요."

"밤마다 꽃녀 잠들기 전에 자장가로 부르는 노래가 바로 이 '봉선화' 노래야."

"정말, 참 예쁘다!"

"할머니는 사금파리로 소꿉장난했어. 꽃은 밥이 되고, 꽃씨로 반찬을 만들어 냠냠 맛있게 먹었어."

참새 새끼처럼 고개를 갸웃거리다가 "냠냠" 먹는 흉내를 낸다.

"꽃씨에 뭐가 들어있어?"

"씨가 들어 있지! 씨가 겨울잠을 자다가 봄이 오면 깨어나 또 예쁜 꽃을 피워."

꽃잎을 따고 괭이밥을 뜯어 소금과 백반을 넣고 돌로 찧어 비닐봉지에 넣었다. 잠자리에 들기 전, 마지 쌀알 같은 손톱 발톱에 콩알만 하게 꽃다대기를 얹어놓고 비닐로 가볍게 싸서 실로 너무 조이지 않게 묶었다.

"할머니! 노래 빨리 불러줘요."

"울밑에선 봉선화야 네 모양이 처량하다…." 할미를 따라 흥얼거리다 곧 잠이 든다. 손톱 발톱에 꽃물은 지워질망정, 사랑하는 두 마음에 지워지지 않을 사랑의 물이 흠뻑 들었으면 하는 할미 바람이다. 혹시 백반 때문에 연약한 피부에 상처라도 생기지 않을까 하는 생각에 밤새 근심되었다. 아침에 일어나 손톱 발톱에 든 꽃물을 본 꽃녀는 환하게 웃는다. 그 미소도 잠시, 생뚱맞게 "그런 데에-! 그런 데에-!" 하고 망설인다.

"할머니! 나 '밀라노'에 가면 할머니 보고 싶어 눈물 날 것 같아요."

서로 마주 보는 눈동자에 떠나기도 전에 밀려오는 그리움을 막을 길이 없어 우리는 서로 안았다.

이별의 순간이 왔다. 출국시간은 초를 다투며 가까워진다. 올 때는 기뻐서 눈물이 돌더니, 돌아갈 때는 헤어짐이 서러워 눈물방울이 옷깃을 적신다. 어린것이 무엇을 안다고, 손녀의 서럽게 엉엉 우는 소리는 닫힌 개찰구 문 너머에서도 생생히 들려온다. '꽃녀'의 눈에서 흐르는 눈물은 봉선화 꽃물. 할미 눈에서 내리는 눈물은 가슴 물들이는 꽃빛 눈물이었다.

어느 날 Skype에서 화상이 나타나자,

"할머니! 그런데, 어떻게 하지?" 꽃녀의 실망스런 말투다. 열 손가락을 쫙 펴 보이며 "손에 봉숭아물이 다 없어졌어!"

"그러네!"

"참! 할머니 잠깐 기다려!" 양말을 벗더니 발을 화면 가까이 댄다.

"발에는 아직도 있어. 할머니 이거 보이지?"

"그래, 보인다." 사라져 가는 꽃물이 저도 무척이나 아쉬운가 보다!

"봉선화 물들일 것 냉장고에 있어. 오면 또 물들여 줄게."

"너무 멀어서 나는 못 가니까 할머니가 가지고 빨리 와요."

자기 의사표시가 정확하고 분명하다.

할미와 네 살 외손녀 봉선화 꽃물의 추억이 아직도 이어지고 있던 어느 날이다. 겨울이 없는 '태국 치앙마이'에 가 있는 동안 전화가 왔다.

"할머니 보고 싶어요. 노래 불러 주세요."

"무슨 노래?"

"울 밑에 선 봉선화."

수화기를 마이크 삼아 목소리를 가다듬어 노래를 부른다. 이 외할미가 너의 어린 가슴에 아직도 선명하게 봉선화 할머니로 남아있구나!

울 밑에 선 '꽃녀'야 네 모습이 그립다.

"봉선화에 달린 씨주머니를 이렇게 누르면 씨가 톡 터져 나오지? 씨가 터지며 말을 했는데 들었어?"

"아니! 못 들었는데, 할머닌 들었어? 뭐라고 했어?"

"나를 잊지 마세요. 했거든!"

"으응! 참 재미있다. 알았어. 안 잊을게!"

"……."

가슴에 진홍빛 꽃물이, 꽃물이 든다.

*마지 쌀: 부처에게 밥을 지어 올릴 때 쓰는 쌀

# 진옥이의 산달

양금애
yka5004@daum.net

막내시동생이 진돗개가 새끼를 낳았다며 한 마리를 주었다. 다섯 마리 중 제일 눈에 들어오는 예쁜 암컷이었다. 우리는 말로만 듣던 진돗개란 게 신기하고 귀여워서 이름도 진옥이라고 지어 주었다.

진옥이는 역시 진돗개였다. 영리한데다 털도 복실복실 예뻐서 개 줄도 매지 않고 한 식구처럼 가는 데마다 당연히 데리고 다녔다. 진옥이의 영특함이 소문이 나 동네 사람들도 모르는 사람이 없었다.

진옥이가 한 가족으로 활약하기 시작한 것은 목장 일을 도우면서였다. 그 당시 앞산에 울타리를 치고 사슴목장을 했는데, 사슴은 본성이 울에서 한번 뛰쳐나가면 위로만 튀는 성질이 있어 사람이 뛰어가 잡는 것은 도저히 불가능했다. 포기하고 맘 졸이며 며칠 있다 보면, 안동네 누군가 사슴을 봤다고 데려가라고 연락이 와야만 헐레벌떡 데려올 수밖에 없었다.

어느 날 사슴 한 마리가 또 뛰쳐나가 우리는 산으로 헐떡이며 뛰어가고 있었다. 그런데 바로 그때 진옥이가 나타나 그 반대쪽으로 가로질러 산꼭대기에서 사슴을 몰아 울타리 안으로 넣는 것이다. 그 모습이 얼마나 신기하고 감격스러웠는지 모른다. 사람 열 명이 해도 못하는 일을 해냈기 때문이다. 그뿐 아니다. 목장에서는 병아리도 많이 길렀다. 남의 집 닭이 우리 집 앞을 지나가려고 해도 접근을 하지 못하도록 혼비백산 시켜 얼씬도 못했다. 우리 집 병아리는 놀랄까봐 먼 데서 바라만 보고 있었다.

그런 진옥이가 어느 날부터 갑자기 보이지 않았다. 온 동네를 찾았지만 아는 사람도, 보았다는 사람도 없었다. 그러던 중 이웃 목장 아저씨를 만났는데 자기 목장에서 진옥이를 봤다는 것이었다. 바로 그 목장에 가서 애타게 진옥이를 불렀다. 자기 주인 목소리를 알아들었는지 고개를 푹 숙이고 꼬리를 내린 채 가출해서 죄송하다는 듯 맥없이 따라왔다.

그 이후로는 목줄을 매어 놓고 길렀는데 언제부터인가 몸이 통통해지기 시작했다. 목장에서 데리고 온 날 눈치 챘어야했는데 그 때까지도 진옥이가 임신 중인 줄은 전혀 몰랐던 것이다.

큰딸 결혼식 전날, 날씨는 영하 10도가 넘은 추운 날씨였다. 큰딸 결혼식을 보기 위해 시골에서 친척들이 올라오셨다. 그날 밤, 이 방 저 방에서 친척들이 자는데 한 밤중에 진옥이는 내가 있는 방을 어찌 알고 문을 긁어댔다. 안 하던 행동을 왜 할까? 하면서도 모른 척 자려는데 계속해서 문을 긁어 댔다. 예사롭지 않게 재촉하는 것 같아 잠결에 나가보니 진옥이는 꼬리칠 힘도 없는지 비틀거리며 사경을 헤매고 있는 것이었다.

불을 켜고 따라가 보니 한쪽 구석 맨바닥에다 이미 새끼 두 마리를 낳아놓고 계속되는 산통을 겪으면서도 연신 새끼들을 핥아주고 있었다. 놀래서 우선 헌 옷을 가져다 깔아주고 난로를 켜서 산바라지를 하고 있는데 그 와중에 세 마리를 더 낳아 다섯 마리가 되었다. 진옥이는 이 추운 날씨에 먼저 낳은 새끼가 얼어 죽을지도 모른다는 걱정에 아직 태중에 세 마리나 들어 있는 산통을 참으며 도와달라고 주인의 방문을 긁은 것이다. 그 후로도 진옥이는 여러 번 새끼를 더 낳고도 우리 가족과 희로애락을 함께하다가 12살에 우리 곁을 떠났다.

자식이 부모를 죽이고 부모가 자식을 버린다는 비정한 뉴스가 나올 때마다 진옥이 생각에 눈시울이 뜨거워진다.

# 해피트리

양혜원
haeyana@hanmail.net

오랜만이다. 객지에서 반 년 만에 집에 들어선 순간에 현관문에 보이는 것은 해피트리였다. '어머나, 세상에!' 무성하던 잎은 가지도 흔적도 없이 화분에 그 형상은 누가보아도 그냥 통나무 막대기를 세워놓은 모습으로 죽어가고 있었다.

그간의 자초지정을 남편으로부터 들었다. 해피트리가 눈에 띄게 시들어 가고 있어서 더욱 열심히 물도 주고 햇빛이 잘 드는 자리로 바꾸어보고 하였지만 소용이 없었다고 했다. 아주 작은 일도 소홀하게 넘기는 법이 없는 성품이고 보면 아침, 저녁으로 얼마나 노심초사 했을지 미루어 짐작이 되었다. 남편은 전에 살던 곳에서 직장까지 출퇴근을 하다가 교통사고가 났다. 교통사고 후에 운전이 불가능하여 직장 근처에 '해피트리'라는 이름의 아파트로 이사를 하게 되었고, 때마침 객지에서 돌아온 내가 화분을 보러 다니다가 '해피트리'라는 이름이 좋아서 구입하게 되었다. 그리고는 정성을 다해서 나무를 키우고 있었는데, 이런 지경이고 보니 남편의 마음이 어떠했을지….

이렇듯 해피트리가 거의 죽은 듯 시들어가자, 처음엔 인터넷을 찾아보고 도움을 구했단다. 그런데 처방들이 도움이 안 되고 나날이 나무는 죽어가고 있었다. 정말 꼭 살리고 싶은 마음에 주말에 내 키보다 큰 화분을 자동차에 겨우 싣고서 한 시간 거리의 화원이 몰려 있는 곳을 향해서 길을 나서게 되었단다. 화분을 직접 보여주며 한 집씩 찾아다니며 상담을 받은 결과, 그 해결책들은 첫 번째 집에선 물을 규칙적으로 줄 것이었고, 두 번째 집에서는 해피트리는 이미 죽었으니 포기할 것이었고, 세 번째 집에선 '물을 너무 많이 주어서 거의 죽은 상태이니, 살리고 싶다면 잔가지를 모두 잘라내고 큰 줄기만 남기고 한 달, 길게 잡아 두 달까지 그대로 둘 것(물도 주지 말고, 만약 다시 살아난다면 싹이 틀 것임)'이라는 말을 듣게 되었다.

고민 끝에 세 번째 집의 충고를 받아들여 잔가지와 줄기를 다 제거하니 내가 목격한 통나무 모양만 남게 되었다. 현관에 두게 된 것은 그곳엔 햇빛은 적지만 바람이 항시 통하는 창문이 있기 때문이었다. 남편으로서는 세 번째 충고를 받아들이기로 하였지만, 그래도 물 한 방울 없이 살려낼 수가 있을까 싶었단다. 그동안 해피트리를 더 잘 키우기 위해서 많은 물을 주었는데, 그것이 결국은 나무를 죽게 만들었다니, 나무의 필요가 아닌 자신의 생각대로 키우려다가 죽을 지경까지 이르게 되었음에 그저 마음을 내려놓을 수밖에 없었다고 한다.

그러고도 남편은 그냥 내버려 두지만은 않았다. 매일 들어오며 나갈 때마다 통나무만 남은 해피트리에게 격려를 보냈다. 그리고 집으로 돌아온 후 나도 또한 고마워, 고마워하면서 한 번씩 쓰다듬어 주었다. 내게 해피트리 라는 이름의 격려가 필요했듯이 이젠 그에게도 따뜻한 격려가 필요한 것 같아서. 그리고 혹시 자신의 삶이 자신의 의지나 노력으로 가능한 것이라면 결국 좋은 방향으로 가려고 하지 않을까. 그것이 생명의 선한 본질이 아닐까. 누군가 옆에서 끝까지 포기하지 않는 단 한명의 응원자만 있다면 힘을 내지 않을까 하는 마음으로.

내가 집으로 돌아와서도 한 달 그리고 며칠 후에 정말 아주 작은 싹이 손바닥 모양으로 솟아 나와서 '안녕' 하는 듯했다. 그 여린 손짓에 와! 하는 탄성이 우리 둘에게서 터져 나왔다. 드디어 살아났구나.

자식을 키우는 것도 이와 흡사하지 않을까. 아이들이 더 잘되었으면 하는 마음에 부모로서 더 잘해주려고 이것저것 과하게 하는 것들이, 지나친 관심들이, 아이들의 필요에 맞춘 것이 아니라 부모의 생각대로 하게 되는 것이 아닌가 싶었다. 큰아이가 아파서 그 아이를 데리고 병원을 전전하던 시절이 있었다. 그러다보니 당시에 유치원생 이었던 작은 아이에겐 소홀히 할 수밖에 없었다. 그러다 세월이 지나서 큰 아이의 병세가 나아지자 작은 아이가 또래 다른 아이들에 비해서 학업이랄지 과외활동이 부족하게 느껴져서, 그것이 나로 하여금 몹시 초조하고 불안하게 만들었다. 그래서 온갖 학습과 과외 활동들로 내가 필요하다고 생각하는 것들을 시켰다.

그러던 어느 날 "엄마, 나 오늘 옥상에 올라갔었어요." 그때가 작은 아이가 초등학교 5학년 때였다. 처음에 나는 무슨 말인지 알아들을 수가 없었다. 그런데 놀랍게도 죽고 싶어서란다. 학원 다니는 일이 정말 힘이 든다고 하면서…. '영어는 너무 어려운데다가 숙제가 많아서 그것 하나만하기도 힘이 들고, 수학학원은 매일 시험을 보는데 못 보면 학원에 남아서 공부를 해야 하니 그것도 지겹고 다음 단계를 못 올라가면 그것은 마음이 힘이 들어서'라고 했다.

그리고 피아노 학원도 정말 싫다고 했다. '내가 지금 아이에게 무슨 일을 하고 있는 거지' 하는 자괴감에 며칠 밤을 설쳤다. 일단 학원은 다 그만 두기로 했다. 그러면서도 다 내려놓아야 하는데 초기에는 정말로 불안했다. 어떡하나 하는 마음이 하루에도 열 두 번씩 요동을 쳤다. 자식들을 어떤 이유에서든 한 번쯤 다 내려놓을 수밖에 없는 상황을 겪은 다음에는 조금씩 내려놓는 일을 할 수가 있게 되었다.

내가 맞는 건가 때로는 불안해했지만, 그래도 가만히 두었으되 그냥 내버려두지 않았다. 매일 들어오고 나갈 때 안아주고 격려해 주려고 노력을 했다. 뜻대로 안 될 때가 많아서 아이에게 나의 불안함을 번번이 들키고는 했지만, 다시 응원자의 자세로 일어서 곤 했다. 그렇게 내려놓음을 통해서 운이 좋게도 작은아이는 내가 미친 듯이 물을 쏟아 붓지 않게 되자, 오히려 조금 천천히 자랐으나 잎이 무성한 큰 나무로 자라게 되었다.

해피트리에게도 어쩔 수 없는 상황이었지만, 이러한 지혜를 남편은 기억하였을 것이고, 간절한 마음으로 적용하였을 것이다. 기대보다는 조금 약하거나 천천히 자라는 듯이 보여도 아이 스스로가 이겨나가고 헤쳐 나갈 수 있도록 기다려주며, 아이가 원하고 필요할 때 도움과 응원을 주어야지 하는 지혜로움을 해피트리에게도 남편은 적용했을 것이다. 아니 정확히는 내려놓을 수밖에 없었을 테니까…. 우리의 간절한 기다림에 씩씩한 화답으로 지금의 해피트리는 잎사귀도 무성하게 맘 편히 축 늘어뜨린 자세로 누구의 시원한 그늘이 돼줄 만큼 품 넓은 자세로 서있다. 해피트리 만세다!

# 말 타면 경마 잡히고 싶다던가

오경자
kjoh1942@hanmail.net

모든 생명체는 무엇을 하고자 하는 욕구가 있고 생존 자체를 위해 필요한 욕구나 자신의 종을 보존하고 이어가기 위해서 발동되는 욕구를 본능이라 불러왔다. 본능적 욕구가 충족되고 나면 좀 더 사람답게 살고자하는 욕구들이 차례로 일어난다. 이 과정을 심리학자 매슬로우는 욕구계층론이라 이론을 정립했다. 우리 조상들은 예로부터 이런 이론 듣기 전에 말 타면 경마 잡히고 싶다는 속담 한 마디로 이 복잡한 이론을 간파했다. 참 대단한 분들이다.

총선이 끝나고 나니 당선자들이 또 그 다음의 욕망열차에 올라 타겠다고 난리다. 말을 탔으니 어서 경마를 잡히고 싶다는 것이다. 원 구성을 놓고 신경전을 벌이고 있는 중이다. 나라를 위해 목숨을 바쳐 일하겠다며 침을 튀기던 그 입으로 북핵을 나무랄 생각 같은 건 아예 없는 건지 원구성에만 온통 신경줄을 모으고 난타전에 열중하고 있다. 자신에게 한 표를 모아준 국민이라는 사람들에게 국가안보는 맡겨놓아도 끄떡없으니 자신들은 열심히 자리 찾기에만 몰두해도 된다는 태도로 밖에 보이지 않는 나날을 보내고 있다. 하기야 예로부터 민초가 지켜온 나라이다 보니 그럴 수도 있을지 모르겠다는 자조적인 생각이 들기도 한다.

그러는 너는 말 타면 경마 잡히고 싶지 않겠냐고 힐문하는 소리가 귀를 때린다. 별로 크게 말을 타본 적이 없으니 이렇게 마음 놓고 고귀하신 분들의 행태에 대해 염장을 지르고 있는지도 모를 일이다. 아니다. 남이 볼 때는 말 탔다고 할 만한 큰일을 성취해 보지는 못했지만 나름대로 크고 작은 일들을 이루어가며 살아오지 않았겠는가? 그럴 때마다 그것보다 조금 더 큰일, 더 좋은 일을 이루고 싶어서 열심을 내고 일 했을 것이다. 그 과정에서 수단과 방법을 가리지 않고 몰입 하지 못했던 것만 자랑스럽게 생각하며 살아왔기에 저들의 행태가 추태로 보여 구역질이 나는 것이다. 그건 작은 일이니까 그렇고 자신들의 것은 큰일이라 다르다고 항변하는 소리가 들리는 것 같아 또 한 번 역정이 난다.

옷장이 빌 때까지 있는 옷만 입고 살겠노라 굳게 마음먹고 잘 견디다가도 우연히 블라우스 한 벌 사려고 들어갔던 가게에서 두세 벌의 옷을 들고 나오는 바보스런 몸짓을 보고 한심하던 때가 한두 번이 아니다. 이것도 경마 잡히고 싶은 심정의 범위에 들어가는 일 아닐까? 똥 묻은 개가 겨 묻은 개 나무라는 격이니 잠잠하라고 마음 한 구석에서 속삭인다. 그렇다. 내게 그런 기회가 주어졌다면 더 가관으로 보일 행동을 서슴지 않았을지도 모른다.

하지만 귀하들은 나 같은 범부가 아니라 이 나라의 입법부를 담당한, 우리 민초들의 대표임을 먼저 생각해야 하는 사람들임을 잊지 말았으면 좋겠소이다. 당신들이 탈 말은 통일이라는 말이고 그 후에 진정한 선진국 대한민국이라는 경마를 잡히는 정도는 되어야 한다는 말이외다.

# 상사화를 기다리며

우희정

sosori39@hanmail.net

이른 봄이었다. 매화나무 아래 흙이 봉곳하였다. 자세히 보니 부추처럼 생긴 연초록 싹이 수없이 솟구치고 있었다. 마음으로 듣는 새싹의 재잘거림이 그 여름날처럼 또다시 나를 아련하게 하였다.

꽃과 잎이 만나지 못해 서로 그리워하다 상사가 난 것 같다 하여 상사화라기도 하고 이별초라고도 한단다. 봄에 먼저 핀 잎이 여름 끝 무렵 지친 듯 땅속으로 녹아들면 그제야 불쑥 꽃대궁이 올라온다. 칠월칠석을 전후해서 대궁을 솟구치는 상사화는 견우와 직녀의 전설을 알고 있는 것일까. 행여 그들처럼 단 하루라도 만날 수 있는 간절함으로 분홍 꽃잎을 내미는지 모른다. 그러나 아무리 애간장을 태운들 타고난 숙명을 어찌 거부하랴.

서산마애불 앞에서 열두 갈래로 피었던 상사화가 오래도록 머릿속에서 떠나지 않았다. 그 상사화는 열두 손을 가진 약사여래를 닮아 있었다. 꽃잎 속에서 다소곳이 솟구친 노란 수술이 선명했지만 그리워만 하고 사랑을 이루지 못함을 알기에 더욱 처연해 보였다. 애연하기 짝이 없던 그 모습이 눈에 밟혀 작년 봄 매화나무 아래에 상사화 스무 뿌리를 심었던 것이다. 그리고 이제나저제나 움이 트기를 노심초사 기다렸건만 한 장의 이파리도 내밀지 않았다. 아니, 여름 지나 가을이 깊도록 흔적조차 없이 애만 태울 뿐이었다. 알뿌리가 여름 장마에 다 녹아버렸는가 싶었다.

몇 해 전, 선운사 상사화가 입소문을 타고 유혹을 하기에 간 적이 있다. 잔뜩 열에 들떠 갔더니 꽃무릇이었다. 그나마도 객혈을 하듯 아래로 쏟아져 땅을 핏빛으로 물들이고 있었다. 잎과 꽃이 만나지 못함은 비슷하지만 상사화와는 전혀 다른 꽃이지 않은가. 서산마애불 앞에서 만났던 그 애잔한 빛을 기대하던 나는 실연당한 심정으로 허탈해져 돌아서다가 내친걸음이니 절집이라도 가슴에 담아보자 싶었다.

새로 지은 천왕문이 앞을 가로막아 올려다보니 단청의 채색에 세월이 앉지 않아서 짙게 화장한 여인만 같았다. 절마당은 인파의 발길에 먼지가 자욱하고 만세루는 차방이 되어 속인들의 엉덩이에 눌려 신음하는 듯하였다. 부처님의 큰 귀로는 소리도 더 많이 들릴 법한데 바로 코앞에서 이처럼 떠들어대다니. 그런 풍경이 다 절집의 유명세 탓인 것 같아 씁쓸하였다.

대웅전 앞 배롱나무 두 그루가 그런 부처님을 위로하듯 붉디붉고, 그를 흉내내는 양 요사채 옆의 후박나무 두 그루도 의젓한 품새로 푸름을 자랑하고 있어 그나마 다행이었다. 도솔암 바람골을 타고 내려오는 개울물에 들앉은 참나무 그림자가 맑아서 헛걸음만은 아니라고 마음을 다독인 터였다.

우리 꽃밭의 상사화, 마침내 싹을 틔웠으니 잎 지면 꽃도 볼 것이고 나는 또 꽃과 더불어 그 상사를 애틋해 하리라. 그런데 상사화를 바라보는 옆지기의 눈길이 내 가슴을 찌른다. 언젠가는 맞게 될 이별을 미리 헤아리는 그의 속내를 내 어찌 짐작이나 하였으랴. 봄 햇살에 취하고 새순을 반기며 꽃이 벙글 그날을 기대하며 흥분하던 내 마음이 실로 무참하였다. 이래서 부부는 남남이라고 하는가.

아니다. 눈빛만으로도 가슴이 보이고 숨소리만으로도 영혼이 들리는 남남이 어디 있으랴. 아무리 이름이 상사화라 한들 꽃도 잎도 같은 뿌리에서 왔거늘 돌아갈 곳도 한 데가 아니랴.

# 가슴으로 듣는 소리

유영숙
helenrew@hanmail.net

애초에 출발하지 말았어야 했던 것인가. '괜찮다, 괜찮다.'라고 애써 스스로를 위안하며 아무리 마음을 다독이려 해도 불안을 떨치지 못한다.

동행하는 친구에게만은 마음을 들키고 싶지 않은데 그렇지 못하다. 모처럼의 여행으로 마음이 달뜬 친구의 물음에 연신 심드렁한 대답이다. 아니, 나도 모르게 볼멘 대답이 튀어 나가기도 한다. 그다지 큰일도 아닌 실수 하나로 통제되지 않는 자신의 마음상태에 이젠 불안이라기보다 분노가 불쑥거린다.

계획대로라면 바로 속리산을 등반하려고 했지만 생각보다 출발이 늦어져 다음날 등산을 하기로 하고 기왕 늦은 김에 주변관광을 한다. 보은의 연꽃단지는 연꽃이 종류별, 색깔별로 심겨져 있어 맑은 핑크빛 그라데이션(gradation)을 연출한다. 진분홍 연꽃부터 백련까지 층층이 몇 단계로 이어지는 장관이다. 그런데 눈은 호사를 누리며 연신 카메라셔터를 눌러대면서도 마음 밭은 여전히 엉켜서 저 천연한 연꽃이 밟고선 진흙탕과 다름없다. 아무리 아름다운 꽃을 보더라도 마음의 눈이 함께 열려야 그 아름다움을 제대로 볼 수 있다. 눈을 크게 떠도 마음이 닫히면 대상의 진면모를 감상하지 못하고 건성으로 본다.

법주사 가까운 곳에 숙소를 정하고 여장을 풀었다. 마음이 지쳐 숙소에 들자마자 내던지듯 침대에 벌렁 눕는 나를 보면서 아무 잘못도 없는 친구는 슬금슬금 눈치를 살핀다. 눈치만 보던 친구가 안 되겠는지 속풀이 음식으로 '올갱이국'을 먹으러 가자며 손목을 잡아끈다. 그는 속 좁은 친구를 둔 덕에 기껏 먼 길 운전하여 여기까지 와서도 마음껏 좋아하지도 못한다. '뭐한 놈이 성낸다'고 설상가상으로 나는 친구를 불편하게 하는 내 불완전한 감정 때문에 더 속이 상하고 화가 난다.

늦은 점심 겸 저녁을 먹고 나니 어느덧 해가 법주사 뒷산 능선을 넘고 있다. 천천히 법주사 일주문을 들어서 경내를 돌아본다. 마당에 그림자를 길게 드리우고 서 계신, 저 미륵님의 큰 귀는 내 마음속 소리도 다 들으실까. 깊이 합장하며 마음을 맡겨본다. 사려 깊은 친구는 멀찍이 거리를 두고 나를 살피며 걷다 대웅전으로 부처님을 뵈러 들어갔다. 나는 문 밖에서 합장을 하고는 대웅전 외벽 불화를 감상하며 뒤쪽으로 한 바퀴 돈다. 그때다. 대웅전을 막 돌아 나오는데 둥~ 둥~ 법고가 울린다. 법고의 울림이 깊은 산자락을 느리게 휘돌고 잔잔하게 파문을 일으키며 내 가슴에 와 닿는다. 파도에 밀려오는 포말이 모래톱에 찍힌 무질서한 수많은 발자국들을 지우듯 깊은 북소리가 내 가슴에 부글거리던 복잡한 상념들을 지워준다. 저녁 타종시간인가보다. 젊은 비구스님 셋이서 번갈아가며 법고와 범종, 그리고 목어를 차례로 울린다. 건장한 스님들이 힘차게 두들겨 울리되 그 소리는 깊고 부드러운 울림이다. 나는 눈을 감고 가슴으로 그 울림을 바라본다. 소리가 가슴을 파고들면서 경직되었던 몸과 맘이 편하게 이완된다. 언제 친구가 다가왔는지 바로 내 옆에 서 있다. 나도 모르게 고였던 눈물이 주르르 흘러내린다. 친구의 눈자위도 붉다. 가만히 친구의 손을 잡는다. 나는 미안해서! 고마워서 힘주어 친구의 손을 꼭 쥔다. 그가 말없이 내 어깨를 감싼다.

며칠 전 모 기관에 문학지원금 신청서류를 마감 직전에 가까스로 접수했었는데, 아뿔싸! 서류제출 미비로 신청이 반려되었다는 이메일을 하필이면 오늘 출발하기 직전에 확인했다. 여기저기 여러 기관들을 다니며 복잡한 서류들을 다 준비해놓고는 실수로 한 가지를 빼놓고 서류첨부를 한 것이다. 물론 신청을 한다고 다 되는 것도 아니지만 자신의 불찰로 인해 접수기회조차 상실한 것이 너무 속상해 마음 컨트롤이 되지 않은 것이다. 그리고는 괜히 나를 위해 여행을 계획하고 준비한 애먼 친구에게 볼멘소리를 한 것이다.

성난 듯 불볕 같았던 긴 여름해가 기울고 절 마당엔 서늘한 바람이 분다. 수다스럽게 지저귀던 새들도 조용히 날개를 깃들이는 저녁. 고즈넉한 사찰에서 댕~ 댕~ 범종이 울린다. 깊은 종소리가 잔잔한 파문을 일으키며 마음을 파고든다. 내 좁은 가슴을 무겁게 짓누르던 불편한 편린들을 걸러준다. 깊은 산자락을 돌아온 소리가 종일 뒤엉키던 머릿속을 말끔하게 씻어준다. 나의 내면이 새롭게 깨어난다. 주변의 사물들이 다 새롭다. 크게 눈뜨라, 마음을 깨우는 소리! 사찰 누각 난간에 매달린 목어도 잠을 깨고 지느러미를 퍼덕이는 듯하다. 제 안에 갇혔던 내가 이제야 밖으로 문을 연다. 하늘에서 별들이 하나 둘 걸어 나와 밤하늘을 수놓는다. 산골의 어둠은 깊어지고 어느새 활짝 웃는 초승달이 산마루에 닿아있다.

# 길고양이

유정희
you0493@naver.com

우리 집엔 길고양이 한 마리가 드나들고 있다. 황토색과 흰색으로 줄무늬 털옷을 입은 날렵한 녀석이다. 여간해선 곁을 주지 않을 것 같은 새침데기다.

그 고양이는 멋진 털옷을 입은 것에 걸맞지 않게 온 동네 쓰레기통을 뒤져 걸식하며 연명하고 있다. 그렇다 보니 한여름이면 고양이가 헤집어놓은 쓰레기봉투에서 나오는 오물과 악취가 보통이 아니다. 어느 땐 동네 아주머니들이 내다 말리는 생선까지 훔치고 다니니 원성도 만만치 않다. 나도 무서운 눈매와 쉽사리 곁을 주지 않는 쌀쌀맞은 성격과 제 맘에 들지 않으면 숨겨진 발톱을 앙칼지게 꺼내며 사나움을 떠는 고양이가 싫었었다.

지난해 어느 봄날, 우리 집 정원 감나무 밑에 줄무늬 황토색 고양이 한 마리가 누워있었다. 늘상 하던 대로 양지 바른 곳이니 일광욕을 하나보다 하고 지나쳤다. 그런데 순간 느낌이 이상해서 가까이 가보니 털은 푸석푸석 윤기를 잃었고 코는 바싹 말라있었다. 꼬리 또한 축 늘어진 채 곧추세울 기세가 보이지 않는다. 순간 이상한 예감이 들며 머리카락이 쭉 솟는 느낌이 들었다. 숨을 거둔 채 누워 있는 것이었다. '하필 내 집 정원에 와서 죽었어.' 기분이 언짢았다. 엎친 데 덮친 격으로 길고양이의 좋지 않은 모습들이 차곡차곡 뇌리에 쌓여만 가고 있었다.

그런데 어느 날 막내딸이 고양이카페에 놀러가잔다. 고양이를 좋아하지 않으니 썩 내키진 않았다. 허나 고양이 카페가 도대체 뭐하는 곳인가 하는 호기심에 따라 나서게 되었다. 어렵사리 인터넷을 뒤져 찾아간 대학로에 있는 고양이 카페. 조그만 건물 2층으로 올라가 이중문을 열고 들어가니 조용했다. 아담한 공간엔 역시 고양이들이 여기저기 흩어져 놀고 있었다. 카페 주인은 맛있는 커피를 대접하며 맘껏 놀다가라 한다.

여러 종류의 고양이들이 도도하게 자기들 놀이 기구에 앉아 손님들을 내려다보고 있었다. 그들은 배가 고파 쓰레기통을 뒤질 일도 없었다. 털은 반들반들, 포슬포슬 온갖 수식어를 다 들이대도 좋을 만치 비다듬고 쓰다듬은 흔적이 역력했다. 주인 말에 의하면 워낙 고가의 고양이들이라, 극진한 대우를 받는 반려 동물들이라 했다. 거기다 주인에게는 경제적인 도움까지 주니 특급 대우를 받을 수밖에.

고양이 카페에 잠시 머물며 지난번 우리 집 정원에서 숨을 거둔 길고양이가 생각났다. '이 골목 저 골목을 다니며 걸식을 하다 몹쓸 것을 먹고 탈이 난 걸까? 아니면 어느 누가 길고양이가 싫어 약이라도 놓아 독살시킨 것일까?' 별별 생각이 다 떠오르며 죽은 고양이가 불쌍해지기 시작했다. 환경 미화원 아저씨께 부탁해 비닐봉지에 넣은 채 쓰레기로 처리한 것이 못내 양심을 짓누른다. 섣부른 인간보다 더 대우받고 호의호식하다 사랑하던 주인과 이별하는 고양이가 있는가 하면, 남의 집 정원 한 귀퉁이에서 쓸쓸히 생을 마감하며 쓰레기로 처리되는 고양이도 있다는 사실. 물론 인간들과 구별되는 말 못하는 동물이기는 하나, 그 상황이 혼란스러웠다.

이런 저런 이유로 길고양이를 못마땅해 했었는데 곰곰 생각해보니 결코 길고양이가 인가를 배회하는 귀찮은 존재만은 아니었다. 우린 6 · 25직후 가난했던 시절이 있었다. 그땐 왜 그리 쥐들이 극성을 떨었는지. 밤이면 천장에 쥐들의 난리법석에 밤잠을 설쳐야만 했고, 사람들 먹을 것도 없는데 쥐들 등쌀에 여간 곤욕을 치른 게 아니었다. 그런데 고양이와 앙숙으로 지내던 쥐들이 슬금슬금 자취를 감춰버렸다. 요즘은 쥐 구경하기가 힘들어졌다. 이것이야말로 길고양이들 공으로 돌려야 할 것 같다.

외출하려고 층계를 내려오는데 대문 옆 석등 아래 웅크리고 앉아있는 황토색 줄무늬 고양이가 눈에 띄었다. 순간 지난 봄 정원에서 죽어간 고양이 새끼로구나 하는 직감이 들었다. 외모가 꼭 닮았다. 그렇다면 그때 상황이 저 어린 것을 남겨 놓은 채 죽어간 것으로 짐작됐다. 기구한 운명이다.

"그동안 어디서 어떻게 살았니?"

"일광욕 하는 거니?"

"밥은 먹었어?"

몇 마디 말을 건넸다. 역시 날 빤히 쳐다보는 눈빛이 곱지 않더니 냉정하게 뒤도 돌아보지 않고 쏜살같이 내 곁을 떠났다. '사랑을 받아 봤어야 사랑을 줄 줄 알지. 일찍 고아가 되어 문전걸식하며 자라왔으니 저 지경이 되었구나.' 인간들한테 받은 천대와 학대에 신물이 나서 곁을 주지 않고 달아나는 것이었다. 피해망상증이라도 걸린 것 같다.

이미 계절은 천지를 냉동고로 만드는 동장군이 찾아왔다. 내 집을 드나드는 고양이가 불쌍해졌다. 마침 냉장고 정리를 하다 찾아낸 오래 묵은 미숫가루가 생각났다. '옳지, 미숫가루를 먹기 좋게 반죽해서 수돗간 옆 아늑한 곳에 놓아두면 잘 먹겠군' 하는 생각이 들었다. 새들에게 주려던 것을 고양이에게 주기로 마음을 바꿨다. 그래서 생각날 때마다 조금씩 물에 반죽해서 수돗간 옆에 내다 놓았다.

그런 일이 있은 후 한참이 지났는데, 대문 앞에서 또 그 고양이를 보았다.

"그래 잘 살았지?"

"내가 준 밥은 잘 먹었어?" 하고 몇 마디 인사를 하다 보니 배가 꽤 불러 밑으로 처져 있었다. 눈을 크게 뜨고 다시 한 번 확인했다. 분명히 홀몸이 아니었다. '이를 어쩌나!' 갑자기 걱정스러워졌다. '이 엄동설한에 어디서 몸을 풀 것이며, 어린 것들을 어떻게 기를까. 가엾어라!' 천지가 꽁꽁 얼고 눈이라도 쌓이는 날이면 칼바람을 맞으며 음식 쓰레기봉투 헤집기도 쉽지 않을 것이다. 어느 집 생선 한 토막 축낼 기회도 없을 것인데, 어쩌면 좋을까. 뱃속에 어린 것들과 얼어 죽지 않으려면 연명이라도 해야 할 텐데. 걱정이 태산이었다. 그리고 저들을 길고양이로 만든 누군가가 원망스러워졌고 고양이 가족에게 미안했다. 제발 이번에 태어나는 새끼들만이라도 인정 많은 어느 가정에 들어가 사랑을 받으며 잘 살았으면 하는 마음이 간절해졌다.

종족번식 본능의 의무를 다하고 있는 길고양이. 맘속 깊은 곳에서 도와주어야겠다는 겨자씨만한 사랑이 움튼다. 미숫가루 양식이 떨어지면 작은 사료라도 사서 석등 앞에 놓아 주어야겠다. 누군가의 도움을 받아야만 이 엄동설한을 견디며 새 생명을 잘 키워낼 것이 아닌가. 그리고 봄날, 우리 집 대문지기 살구나무 꽃그늘 아래서 마주치면 냉정하고 차가운 눈초리야 여전하겠지만 '할머니가 준 먹이덕분에 어미 노릇 잘 해냈어요.' 하며 꼬리를 곧추세우고 내게로 다가와줄 것만 같은 예감이 든다. 받은 만치 믿음으로 다가올 것 같다.

꽃피는 춘삼월 길고양이 가족의 "야옹야옹" 소리와 함께 우리 집 정원에선 꽃 잔치가 한바탕 벌어질 것이다.

# 아궁이와 굴뚝

윤옥희
yoh1990@hanmail.net

'아궁이 없는 굴뚝 어디 있으랴'

집을 지을 때 방과 부엌, 솥을 거는 부뚜막과 아궁이가 그 집에서는 가장 중요한 곳이 된다. 그러나 지금은 거의 부뚜막과 아궁이가 사라져간다. 사라져가는 것이 어디 아궁이뿐이랴. 우리 조상들이 쓰던 옛말이나 물건들이 문명의 발전과 함께 소용없어진 것이 한둘이 아니거늘, 사라지는 것은 아쉬움을 동반한다. 그 아쉬움은 세월과 함께 잊히게 마련이다.

사람은 누구에게나 자기만의 추억과 아련한 그리움으로 남아있는 부분이 있다. 내가 자라던 고향집 부엌에는 가마솥, 밥솥, 국솥, 세 개의 솥에 따라 크고 작은 아궁이가 있었다. 부엌에서 제일 중심 역할을 하는 것은 부뚜막이었다. 어머니는 이른 새벽이면 큰솥에 물을 가득히 데워놓고 밥솥에 불 때라고 하셨는데, 설거지 후면 고운 매흙으로 얼굴에 분칠하듯이 부뚜막에 맥질을 하시던 어머니의 고된 하루는 부엌의 아궁이 앞에서 시작했다. 이는 여자의 임무요, 가족에 대한 사랑으로 부엌 아궁이 앞에서 하루 세 끼를 차려내느라 어머니는 쉴 새가 없었다. 삼복더위에도 아궁이에 불을 지펴 밥을 짓고 엄동설한에는 새벽이면 불을 때 방안을 따뜻하게 했고, 또한 화로에 불씨를 담아 방안엔 난로 역할을 하게 했었다.

시대가 변해 농촌에 새마을 운동이 일어나면서 아궁이 개량, 부뚜막 낮추기가 시작되었다. 그러던 어느 날 할머니께서 서울 막내딸 집에 다녀와서는 세상 변하는 것이 너무나 무섭다. 장작을 때던 아궁이에 까만 덩어리 한 개를 넣으면 파란불이 촛불처럼 올라와서 밤새 방이 따뜻하고 또 그 불로 밥도 짓고, 물을 끓일 수도 있는데 그걸 구공탄이라고 하더라 하시며 사뭇 신기해 하셨다.

선대들의 부엌과 아궁이는 푸근한 가족들의 생활 공동체요 여자들의 안식처였다. 슬플 때나 기쁠 때나 아궁이 앞에 앉아 세월을 사셨던 어머니를 그리며, 54년 전에 지은 고향집 아궁이에 불을 지펴 보았다. 부뚜막은 이곳저곳 구멍이 났고 그곳으로 매캐한 연기가 새어나오고 그 연기 때문에 눈물 콧물과 함께 땀이 줄줄 흘렀다. 오십 년 전 흑백사진, 필름을 돌려 본다 사진 한 장 한 장마다 추억이 새롭다. 아궁이 앞에서 눈물 흘리며 삶을 배웠던 젊은 시절, 그 아궁이는 친정어머니요, 내 살붙이 같은 정겨움이 있고, 때로는 친구와 같아서 속사정을 털어놓는 동무이기도 했다. 나무를 한 아궁이 더 때 밥 한 솥을 까맣게 태우고 벌벌 떨었던 일, 아궁이는 알까.

형님과 함께한 첫해 시집살이, 대가족의 부엌살림은 먼동이 트기

전에 두멍에 물을 채우는 일로 시작되었다. 밥상을 서너 개씩 챙기며 불을 지펴 밥을 할 때면, 형님의 모시적삼은 물에서 건져 입은 것 같고, 얼굴과 손등에는 늘 '땀띠꽃'이 피어 있었다. 첫해 겨울 큰시누이가 "언니! 밥 먹으며 들랑거리느니 차라리 아궁이 앞에서 먹는 게 편하겠다."고 했던 그 말 한마디가 어찌나 서러웠던지 돌아서서 눈물을 훔치기도 했다.

부엌과 아궁이는 내가 엄마가 될 때까지 삶의 지혜를 배운 곳이고 그러는 동안 겪은 삶의 온갖 애환이 서려있는 곳이기도 하다. 그러나 지금은 남편 직장을 따라 옛집은 떠난 지 오래되고 새로 설치한 싱크대에 가스나, 전기를 사용하고 있다.

필름 한 장을 더 돌린다. 이집 지어서 이사하던 날, 어머님께서 "아궁이에 첫 불은 둘째가 피워라." 하셨는데 아마도 별 탈 없이 상량하던 날, 둘째 손자가 태어났기 때문이었을 것이다.

민간신앙에 철저하시던 어머님께서 부엌에는 조왕신이 있다는 굳은 믿음으로 부엌의 아궁이와 부뚜막은 정갈해야 한다고 늘 말씀하셨다. 그리고 새벽마다 '정한수'를 떠놓고 가정이 무탈하기를 비셨다. 어머님께서는 부엌살림, 장독대 광 열쇠 등을 모두 제자리에 놓고 늘 깨끗하게 간수하셨는데, 내외분 다 건강하게 사시다가 구십칠 세에 이집 안방에서 세상을 하직하시었다. 어머님께서 집을 지키며 애지중지 아끼시던 살림들, 광에는 큰 물두멍, 돌절구 맷돌, 광주리 등 살림도구가 자리하고, 장광에는 물 이십 통이 드는 장독도 있다. 어머님께서 살림 시작하면서부터 모아 온 간장, 된장 항아리 이십여 개는 칠십 년이 넘었는데도 옛 모습 그대로 자리를 지키며, 가족들을 대할 때마다 짭짤한 간장, 구수한 된장 맵고 빛 고운 고추장, 향수로 반겨준다.

부엌 큰솥, 안에는 작은 시루, 그 안에 압력 밥솥 등 어머님께서 아끼시던 물건이 들어있다. 중간 솥 안에도 쌀 됫박, 다식판, 복조리 등 들어있는데, 나는 이것들을 모두 꺼내 놓고 솥 안에 슨 녹을 깨끗이 닦아내었다. 그리고 텃밭에서 따온 옥수수를 큰 솥 안에 가득 넣은 후, 물을 넉넉히 붓고 아궁이에 불을 지폈다. 나뭇간에 오래된 나무를 아궁이 가득 밀어 넣었다. 솥 안에서는 펄펄 끓는 물에 토실토실한 옥수수가 나 죽는다며 연신 푸푸거린다.

앞마당 우물물은 수돗물보다 시원하다. 한 두레박 퍼 올려 손발을 씻으며 대문을 활짝 열고 밖을 바라보면, 운곡면사무소 등 제법 먼 곳까지 한눈에 들어온다.

이곳저곳 다니다보면, '타임캡슐'을 묻어놓은 곳을 발견한다. 보통 백 년 후에 볼 수 있는 '타임캡슐'… 우리 후손들이 '백 년 전' 우리들의 생활 방식을 알 수 있을 테니 역사적 의미에서 '타임캡슐'은 충분히 가치가 있다. 나도 이곳에 아궁이 없는 굴뚝, 방고래 구들장, 흙바닥, 십구공탄 보일러 선, 열 보안 비닐장판 등을 '타임캡슐'로 묻어 두어야겠다. '바늘과 실 같은 아궁이와 굴뚝' 불 안 땐 굴뚝에서 연기날 일은 없다.

아궁이여 안녕….

사방으로 확 트인 자연과 신선한 공기, 맑고 맛있는 물, 푸르고 정감이 느껴지는, 풍요로운 추억이 그려지는 들길, 곱고 향기로운 꽃이 철따라 피어나는 집과 정원, 빛 좋고 맛도 좋은 과일이 주렁주렁 열리는 텃밭, 그리고 자연 그대로 새들과 벌레들의 노랫소리,

거기에서 다정한 이야기를 나눌 수 있는 가족과 벗, 이웃사촌들과 함께 마실 수 있는 청양 구기자 동동주… 이렇게 살면서 백 년, 천 년 후 후손들이 찾아와서 편히 쉴 수 있는 안식처로 고향집을 보존해야겠다는 행복한 꿈을 가져본다.

# 연꽃이 그러하듯이

윤연옥
pioneer52@hanmail.net

친구의 병문안을 가자는 말에 정신이 번쩍 든다. 일종의 면죄부 같은 마음으로 즉시 채비를 하고 만남의 장소를 거쳐 서너 명이 병실로 들어선다. 평소에는 잠을 많이 잔다는 친구가 우리를 못 알아본 채 커다란 눈을 뜨고 무언으로 반긴다. 침대 위의 친구와 대화는 눈으로만 나누지만 백련처럼 얼굴이 뽀얀 친구의 입술은 붉고 하얀 발의 피부는 유난히 곱다. 희망 없는 아픔은 없는데 언제쯤이면 일어날까 싶어 자꾸만 내 시선은 친구의 발을 붙든다.

언젠가 연꽃단지에서 꽃 한 송이 잡고 사랑한다고 고백하자 향기로 답을 주던 그 연꽃을 닮았다. 아니 연뿌리의 속살로 빚은 듯 미끈하고 뽀얀 발이다. 연뿌리는 그 예쁜 발에 '숭숭' 구멍이 나도 강하게 버티고 서있으니 친구가 일어서는 것쯤이야 걱정 안 해도 되겠다며 희망을 갖는다. 친구는 말문을 닫았고 나는 말문이 막혀 돌아서려니 코끝은 맵고 두 눈에는 티가 든 듯 등얼 거린다.

보석을 갈아 국수발을 뽑아 놓은 듯 햇살은 남창을 통해 슬프리만치 화사하게 쏟아진다. 아픈 친구에게는 따스해서 좋은 자리라며 안 해도 될 말로 얼버무린다. 몸은 친구가 아프고 마음은 내가 아프다고 해야겠으나 아프기로 말하자면 말 못하고 누운 친구에 비할 수는 없겠다.

그 친구는 건강하던 어느 날, 갑자기 연꽃 피었느냐고 이메일 한 통을 보내왔다. 편지를 받고 한걸음에 연꽃단지로 달려갔다. 천사 같은 하얀 연꽃과 분홍, 보랏빛 수련을 여러 장 담아 이메일로 보냈다. 다시 달려온 답장에, 내 연꽃 남겨 놓았느냐고 하던 친구다. 차중에 백련차를 으뜸으로 치는 이유는 '천사 연꽃'이기 때문이라는 답신도 내 손으로 삭제하지 못한다. 그것이 친구와 마지막으로 주고받은 메일이기에 더욱 시리고 시리다.

추운 어느 날이다. 연꽃마을 지나는 길에 친구 생각이나 지나치지 못하고 찾아들었다. 친구가 병실에 갇혀 지내듯 연꽃 밭의 연 줄기는 투명한 얼음 속에 박혀 있다. 아픈 친구라도 되는 듯 꺾어진 줄기와 연잎은 아랍문자로 남아 절규한다.

봄이 오면 진흙구덩이에서 어김없이 파란 연잎이 돋아나듯이 친구에게도 어서 깨어나라고 빌어준다. 그때가 오면 함께 연꽃처럼 우아하게 웃어보자며 간절한 마음에서 두 손을 모은다. 친구의 깊은 잠이 너무 길지 싶어, 연은 진흙구덩이 아래서 발 딛기를 게을리 하지 않음을 기억하라고 무언으로 당부한다.

지극 정성인 남편과 따스한 가족들로 인하여 고립무원의 환자는 아니겠으나 또 다른 세상으로 발길을 옮길까 두렵다. 눈으로 좇아가려니 내 눈과 맞추지 못하는 친구가 안타까워 먼 허공에 시선을 띄운다. 오늘은 네가 나를 불러올렸지만 다음엔 내가 너를 고향으로 부르면 달려와야 한다고 아이처럼 떼를 쓴다.

잠시 유년의 친구 모습을 그려본다. 학창시절 친구는 내가 사는 마을 뒤 긴 둑을 걸어 곧잘 내 집에 오고는 하였다. 혼자 논둑길을 걸어오다 다리의 골절을 입고 깁스를 했다고 들었다. 오늘은 내 가슴에 깁스를 해야 할 만큼 아프다.

누워만 있는 친구의 자리가 어쩜 이리도 큰가 모르겠다. 반짝이던 그녀의 유머 한마디가 그리운데 친구는 하얀 병실에서 내재적 방법으로 수도중이다. 진흙탕을 어머니의 자궁삼아 우아하게 피어나는 연의 오묘한 진리, 절망 같은 진 수렁에서 꽃 피우기를 그 친구가 잊었을 리 만무하건만 오늘까지 참으로 무심도 하다.

그러던 중에 기쁜 소식이 날아들었다. 요즘은 친구가 가족과 병문안간 친구들을 조금씩 알아보더라는 말에 가슴을 쓸어내리려니 함초롬 물기가 고인다.

아름다운 연꽃이 진흙탕에 발을 딛고 사는 것은, 허공에 뿌리를 내리듯 연꽃의 힘든 발 딛기를 잊지 말라고 알려주는 것일 게다. '보이는 게 다가 아니라'며.

걸을 수 있는 발이 없어 휠체어를 타는 사람들도 있다. 그 휠체어로 댄스를 하고 경기를 한다. 발이 없는 사람이 고리만 달린 의족으로 달리기도 하는데 친구는 곱고 늘씬한 다리와 예쁜 발이 있지 않느냐며 손잡아 일으켜주고 싶다.

가까운 날에 친구도 '훌훌' 털고 일어나 잘못 들어선 길 되돌아 나올 수 있겠으나 지금의 그녀가 훗날 내 모습이 아니라고 단정 지을 수는 없겠다.

살다가 다시 진흙탕에 빠지는 날이 있다면 내 인내를 시험하는 것일 터, 연꽃이 그러하듯이 매사 발 딛기에 신중을 기하련다.

# 4장

# 갈등(葛藤)

이정희
hee1922@hanmail.net

연일 30℃를 웃도는 무더운 날씨다. 7월 13일 일요일, 오늘도 폭염이라는 기상예보다. 집에 있는 것보다 충북 제천 청풍호 자드락길을 걸으며 자연 속에 나를 맡겨보리라 마음먹고 아침 일찍 나섰다. 청정지역인 충북은 산세가 아름답기로 유명한 곳이다. 관광객들이 즐겨 찾는 청풍명월이 있다. 회원 40명은 버스에서 내려 삼삼오오 짝을 지어 걷기 시작했다. 처음부터 오름길이라 모두 힘들어한다. 게다가 걷기 힘든 아스팔트길에 강한 햇볕은 내리쪼이고 있다. 나도 온몸에 땀이 흐르기 시작했다. '이열치열(以熱治熱)이라는데, 그까짓 것 땀이 흐른들 어떠랴' 하는 심정으로 씩씩하게 걸었다. 한참을 걷다보니 계곡 성벽 자드락길이라 걷는 것이 한결 수월했다. 멀리 보이는 아름다운 청풍호수가 심한 가뭄으로 인해 바닥을 드러내고 있었다. 순간, 인심(人心)까지 메마를까봐 걱정이 되었다.

그런데 이 냄새는 무엇인가! 자드락길 주변이 화장품 냄새를 능가하는 짙은 향기로 가득하였다. "와~ 이 냄새 뭐지?" 나는 큰 소리로 옆 사람에게 물었다. 일행들도 향기의 주범을 찾아 두리번거렸다. 그중 한 사람이 칡꽃에서 나는 향이라고 알려준다. 길 양쪽엔 칡넝쿨이 뒤덮여 있다. 자세히 보니 넝쿨 속에 꽃이 많이 피어있는데 향기가 그 꽃에서 났다. 칡꽃은 7·8월에 붉은빛이 도는 자주색으로 핀다. 칡꽃의 꽃말은 '사랑의 한숨'이다. 화장품 매장에서 나는 짙은 향이 아니고 은은하고 기분마저 고조시키는 향이다. 잠시나마 칡꽃의 향기에 매료되었다.

청풍호 자드락길에서 맡았던 그 향기를 생각지 않게 오늘 우리 아파트 주변에서 또 맡았다. 한동안 가물어서 걱정했는데 지난밤에 단비가 내렸다. 비가 그치고 한결 시원해졌기에 산책하려고 나왔다. 전에 맡았던 익숙한 향기가 나서 둘러보았더니 우리 아파트 담장에 칡넝쿨이 무성하다. 칡꽃은 자태를 뽐내지도 않으며 내면의 아름다움을 간직한 채 넝쿨 속에서 해맑게 웃고 있다. 칡꽃의 향기가 나를 다시 들뜨게 한다.

칡은 꽃도 아름답지만 그보다는 넝쿨이 이웃 나무나 바위에 기대어 왼쪽으로 감아 올라가는 것이 특징이다. 옆에 있는 나무나 울타리에 기대어 어김없이 왼쪽으로 감아 올라가는 줄기를 보면서 나 혼자 웃었다. 심지어 연약한 풀에 의지하여 왼쪽으로 뻗어 올라가고 있다. 기댈 곳이 없는 줄기들은 어딘지 외롭게 보인다. 이럴 때 등나무가 있었더라면 서로 의지하여 힘이 되어줄 텐데… 칡과 등나무는 실과 바늘 같은 떨어질 수 없는 불가분(不可分)이 있는 것 같다.

등나무는 여름에 뙤약볕을 피해 그늘을 만들기 위해 흔히 심는

덩굴나무다. 2002년 3월에 교장으로 승진하여 부임한 S중학교 교정엔 우거진 등나무가 햇볕을 가려주고 있었다. 신록이 푸르른 5월에 피는 등꽃은 학생들이 등교하면 가장 먼저 인사를 한다. 화려하지도 초라하지도 않은 등나무 꽃의 꽃말은 '환영'이다. 교정에 핀 등꽃은 S중학교에 다니는 학생들뿐만 아니라 학부모님과 학교에 오시는 모든 사람들을 환영한다고 미소를 띠고 있었다. 그래서 매년 하는 S중학교의 가을축제 이름이 '등향제(藤香祭)'다. 보라색 등꽃이 아래로 늘어져서 짙은 향기를 내뿜으면 나는 일부러 등꽃 주변을 거닐었다. 교직원들은 삼삼오오 짝지어 등나무 그늘 밑에서 커피도 마시고 대화도 나누었다.

5월에 교내 체육대회를 하는데 당연히 등나무 그늘 아래가 본부석이다. 연례행사인 장학지도가 끝난 후에 교직원들은 배구대회를 하고 등꽃 아래에서 다과회를 했다. 학생들은 등나무 아래 벤치에 앉아 토론수업도 하고 합창연습과 시 낭송도 했다. 등나무 줄기는 고집스럽게 오른쪽으로 감고 오르면서 학생들에게 작은 일탈도 용납 안 한다는 무언의 시위를 하는 것 같았다.

또한 칡과 등나무를 생각하면 '갈등(葛藤)'이란 단어가 연상된다. 갈등이란 칡과 등나무가 서로 얽히는 것과 같이 개인이나 집단 사이에 목표나 이해관계가 달라 서로 적대시하거나 충돌하는 상태를 뜻한다. 칡넝쿨과 등나무넝쿨이 서로 반대로 감아 올라가는 데서 생긴 말이다. 칡꽃과 등꽃의 꽃말인 '사랑의 한숨'과 '환영'에서도 갈등은 시작된다. 한 쪽에선 땅이 꺼질 듯한 아픔을 겪는 반면에 다른 한 쪽은 활짝 웃는 표정을 하고 있다. 노사 간의 갈등이나 고부간의 갈등 세대 간의 갈등을 예로 들 수 있다. 흔히 사람들은 의

견이 서로 맞지 않으면 갈등이 생겼다고 한다. 부부(夫婦)간에도 그 갈등을 이기지 못하고 헤어지는 경우가 허다하다. 어찌 부부뿐이랴. 부모와 자식 간에도 갈등은 있고, 직장 상사와의 갈등으로 사표를 내던지는 사람도 있다.

하지만 나는 갈(葛)과 등(藤)이 모든 불화(不和)의 원인이라고 생각하지 않는다. 줄기가 서로 반대로 올라간다고 해서 무조건 부정적으로 볼 것은 아니기 때문이다. 서로의 부족한 부분을 받쳐주고 있다고 나는 생각한다. 한쪽으로만 치우쳐 제대로 설 수 없는 것을 중심을 잡도록 도와주는 것이 아닐까. 또한 아무리 볼품없는 고목도 칡과 등나무가 왼쪽으로, 또 오른쪽으로 감고 올라가면 살아있는 푸른 기둥이 된다. 마른나무에 아름다운 옷을 입힐 뿐 아니라 칡과 등꽃의 효용성 또한 뛰어나지 않는가.

칡은 오래전부터 구황작물이었으며 자양강장제 등 건강식품으로 이용되기도 하였다. 어린 시절에 친구가 가져온 칡을 잘근잘근 껌처럼 씹다가 단물이 다 빠지면 뱉곤 했었다. 그때는 칡만큼 좋은 간식거리도 없었다. 근래에는 칡차가 열을 내려주는 효과가 있어 가정에서도 애용하고 있다. 보랏빛의 탐스러운 등나무 꽃은 그 향이 라일락처럼 사방 30미터까지 퍼진다. 꽃차는 맛이 달고 근육통에 좋다. 알맞게 자란 등나무 줄기는 지팡이 재료로 쓰인다고 한다. 예로부터 등나무 꽃을 말려 신혼부부의 이불 속에 넣으면 금슬이 좋아지고 등나무 잎을 끓여 마시게 되면 사이가 멀어진 부부의 애정도 좋아진다고 한다. 칡과 등나무를 갈등(葛藤)이 아닌 순치지세(脣齒之勢)로 비유한다면 지나친 비약(飛躍)일까.

# 꿈을 꾼다

이대옥
felice1916@tistory.com

아이나 어른이나 꿈이 무엇이냐는 소리는 많이 들으며 살아가나 보다. 나는 초등학교 때 고아원 원장이 되는 게 꿈이었고 중학 시절에는 3류 소설가가 되는 게 꿈이었다. 하필 왜 3류 소설가냐고 아무도 묻진 않았다. 아마도 타고난 재능이 별로 없다는 것을 스스로 알고 있었기 때문에 3류로 꿈을 낮추어 잡았던가 싶기도 하다. 암튼, 그땐 그랬다. 그리고 첫사랑을 마주하면서 나의 꿈은 '좋은 엄마'가 되는 것이었다. 이 말을 들으면 다들 의아해 하지만 더는 묻지 않는다. 그건 꿈 축에도 못 낀다는 듯한 표정을 지으면서 말이다.

17살 한 소년의 꿈은 대통령이었다. 또 그 나이의 한 소년의 꿈은 안마사였다. 일반적으로 학교에서 우리 선생님들은 어떤 반응을 할까. 당연히 안마사를 하겠다는 아이에게 꿈은 말이야, 자고로 창대하게 꾸어야 하는 거야. 라든가 아니면 그 아이의 꿈을 갖게 된 이유를 물어볼 수도 있다. 그런데 대통령이 꿈인 소년은 선생님으로부터 따귀를 맞았단다. 그의 말에 의하면 아마도 선생님은 자신이 장난치는 줄 알았을지도 모른다고 말하는데 그는 시각 장애인이다. 시각장애인이라면 안마사가 꿈이어야 하고 대통령은 따귀를 맞아야 하는, 우리 대한민국의 서글프고 아픈 또 하나의 모습이기도 하다.

아이들에게 우리는 왜 꿈을 물을까? 물론 묻는 이들에 따라 원하는 답에 시선을 달리할 필요는 있다. 다만 개인적으로 교육에 발을 걸치고 있는 이로서 생각해 보면 대개는 꿈이 있어야 성공하는 삶을 산다고 생각한다는 것이다. 좋게 말해 '목표 설정'이 되면 공부를 열심히 할 수 있게 된다는 숨은 의도가 있기도 한 것이다. '꿈은 이루어진다.'는 그 말이 얼마나 하기 쉬운 말인지는 많은 이들이 현실적으로 체감하며 살아간다. 그래도 내 아이들이 멋지게 살 수 있기를 바라는 마음에서 꿈은, 늘 꿈을 꾸는 주인공의 의지와는 상관없이 각인되거나 의도적인 방향 제시로 그 선택을 달리 하기 마련이다.

그런데 웃기는 것은 그놈의 '꿈'이라는 것이 시도 때도 없이 달라질 수 있다는 것이다. 그런 의미에서 개인적으로 꿈은 많을수록 좋다고 생각한다. 한 가지로 규정짓기에는 우리의 삶이 너무 길고 다양하고 달콤하다. 한 가지의 맛에 길들여질 수 없음이다. 아이들에게 질문을 바꾸는 것이 어떨까. '무엇을 하고 싶으니?' 하고 싶은 것들이 많아지면 아이들은 즐겁고 신나고 생기발랄하게 성장한다. 이것저것 두리번거리고, 실수도 하고 스스로 탐구해 보는 작은 열정들도 만날 수 있다. 그러면서 자신이 잘할 수 있는 것들을 알아차릴 수 있는 기회를 마주하기도 한다. 그런 자유로운 시간들을 마구마구 줄 때 아이들은 꿈을 꾸기 시작하는 것은 아닐까.

신자유주의로 진행되고 있는 이 사회는 협력과 상생의 가치를 원천 봉쇄하는 것이다. 자본주의의 폐해를 절감하고 어느새 자본의 노예로 전락하게 되는 극단적인 양극화로 인해, 부의 편중과 그로 인해 발생되는 권력의 힘을 만나는 사회 · 문화의 환경에서, 우리들의 행복은 글자로만 존재하는 듯하다. 극단적인 경쟁주의를 일상에서 경험하며 살아온 우리 사회의 모습은 모든 분야를 막론하고 퍼져 있다. 우리나라에는 '좋은 직업'이 따로 있다. 공무원, 의사, 변호사, 판·검사, 등등… 과연 직업에 귀천이 있는가? 하고 묻는다면 교과서적인 대답의 '없다'라고 말하지만 사실은 그렇지 않다고 소리치는 우리들의 모습을 발견하곤 한다.

벽돌공과 의사의 실수입이 비슷하다면? 우리 사회에서는 도저히 가능하지 않은 현실이지만 만약 그렇다면 의사가 되려는 사람들이 그렇게 넘칠 수 있는 것일까. 짐꾼 아들이 물려받지 않아서 회사를 팔아버린 사장 아버지, 아이의 진로에 간섭하지 않는 부모들, 더 좋은 학교를 굳이 보내려고 애쓰지 않는 부모들이 지구촌에 있다. 교육을 많이 받아서 박사나 의사가 되면 약간 존경을 받을 수도 있다. 하지만 벽돌을 잘 쌓는 기술자를 이들 못지않게 존경한다. 이렇게 말할 수 있는 이들의 사회는 교육을 많이 받을수록 수입이 늘어난다. 하지만 세금 제도로 돈을 많이 벌면 세금을 더 많이 내도록 되어 있다. 그래서 결과적으로는 거의 차이가 없다. 바로 덴마크의 이야기이다. 배울 걸 배우려는 거, 그게 공부 아닌가.

더 잘 사는 동네, 못 사는 동네의 차이도 없단다. 그러나 못 사는 동네 사람들이 잘 사는 동네 사람들을 부러워하지는 않는다. 그들 나름대로 만족하며 산다는 그 나라를 마냥 부러운 눈으로 바라보고만 있어야 하는 것일까. 결국 어떤 한 분야만을 변화시켜서 이루어질 환경은 아니었다. 각 분야마다 얽히고설켜 있는 우리 사회는 마치 거미줄 같다. 직업이 아닌 직장을 선택하는 사회의 청소년들에게 우리는 진로 코칭이란 것을 한다. 마치 이 코칭을 받으면 자신의 진로가 저절로 정해질 수 있다는 듯이 스스로를 그곳에 가둔다. 하나 개인적으로 진로란 사회적으로 학습된 것을 다시 주입시키는 것에 불과하다고 보는 것이 맞을 듯하다. 우리는 '참고'의 의미를 제대로 알아차리지 못한다.

이런 과정들을 지나면서 평생직장을 찾는다. 즉, 일하는 사회적 환경을 우선으로 해서 결국에는 연봉과 안전성을 선호하게 만들어 간다. 결국에는 적당한 직함이 필요한 직장을 선택하여 사회적 신분을 부여받기를 간절하게 원하는 모습들로 고시나 공무원 시험 준비로 청춘을 불사른다. 현재를 희생하여 미래를 보장받는다는 것에 암묵적 동의를 하고 만다. 물론 소수는 사회적으로 학습된 현실에 저항하며 자신의 직업을 스스로 찾아내는 수고를 하는 이들도 있다. 그들의 수고로 얻게 되는 직업은 연봉도, 그럴싸한 사회적 직함도 딱히 마련되어 있지 않다. 그들은 자신이 하고 싶은 일을 찾아내어 새로운 길을 만들어 내는 것이다. 낯설지만 스스로의 만족감이 높은 일을 하며 경제 가치를 만들어낸다.

바로 여기, 이 지점에서 직업윤리가 발휘될 수 있게 된다. 직업인으로서 자신이 발휘할 수 있는 삶의 가치, 자신만의 신념들을 발휘하게 되는 거다. 단지 생활 수단을 확보하는 것에 그치는 것이 아니다. '일'을 통해서 자신의 능력을 마음껏 펼치며 '자아'를 실현하고, 그런 개인들이 '사회발전'에 참여하며 살아갈 때 '행복'을 만난다. 나의 노동이 누군가를 살아나게 하고, 그의 노동이 나를 살아가게 하는 것이 공동체이기에 우리는 서로 의존하지 않고는 사회생활을 할 수 없다. '잘 산다'라는 의미를 사회구조의 잘못된 현실 속에서 시키는 대로 자신의 역할만을 잘 해내는 타협과 사회 정의를 상쇄시킬 수는 없다.

의미 있는 삶이란 물질을 수반한 사회 환경조건의 충족만으로 채워질 수는 없다. 윤리적 가치가 포함되지 않는데 자신이 놓인 자리에서 최선을 다 한다는 것은 자기기만에 가깝다. 우리는 삶의 진정한 의미를 혼돈의 세계로 이끌어 가는데 수월해지게 길들여 왔다. 우리 사회에 버젓하게 군림하는 부(富)의 모습과 안락함은 개인에게 주어지는 존엄성이 실종된 사회인이 된다는 의미로 본다. 이것이 아이들에게 대물림되는 것은 아닐까. 아직도 못다 이룬 '좋은 엄마'라는 내 꿈이 여전히 이루어지기를 바라는 것처럼 평생 꿈을 꾸며 살아가고 있는 이들이 많아지는 사회가 되었으면 싶다. 얼마나 설레고 콩닥거리며 매일을 살아질 것인지는 상상만 해도 벅차다. 이제 나는 다시 십 대에 꾸었던 꿈을 꾼다.

# 술 익는 마을에서

이명지
mjlee8978@hanmail.net

나는 술을 좋아한다. 나이가 들어가면서 더 그렇다. 저녁 으스름녘이면 따끈한 정종 한 잔에 뜨거운 어묵탕이 생각나고, 소주 반잔에 맥주를 적당히 채운 소맥이 그리워진다. 근사한 레스토랑에서 와인리스트를 정독하다 메를로 와인을 병으로 주문할 땐 행복하기까지 하다. 술맛은 역시 인생 맛을 좀 알 때가 제격이다. 굴곡진 인생사 없이 술맛을 어찌 알랴.

그래 나는 술친구들을 제일로 친다. 예정에 없이 주당집회 소집령을 발동하는 것도 좋아한다. 술 한 잔 나눌 수 없는 사람과는 속 깊은 이야기도 되지 않는다. 언제나 기껍게 달려오는 나의 술벗들, 그들은 언제나 멋지다. 술이 필요한 게 꼭 이유가 필요할까. 어느 날은 공돈이 생겨서, 가슴이 헛헛해서, 햇빛이 찬란해서, 비가 와서, 그냥 술이 당겨서··· 그냥 친구가 필요할 뿐이다. 술이라는 친구. 가끔은 혼자 술을 마신다. 지금까지 꿋꿋하게 잘 버텨준 내가 대견

해서 축배를 들고 싶을 때 스스로 어깨를 다독이며 잔을 채운다. 기껏해야 나의 주량은 와인 반 병 수준, 그야말로 술을 즐기는 정도다.

술을 놓고 사람과 만나는 법을 나는 일곱 살 때 아버지에게서 배웠다. 아버지는 진정한 애주가셨다. 내 기억에 우리 집에는 언제나 술이 있었던 것 같다. 대개 집에서 담근 동동주이거나 더러는 손님이 사온 대병의 백화수복 정종, 막소주가 있었다. 손님이 오시면 솜씨 좋은 엄마가 순식간에 뚝딱 만들어내는 안주 맛에 막내인 나는 아버지 옆에 껌딱지처럼 붙어 앉아 안주를 축내곤 했다. 우리 집에는 손님이 많은 편이었다. 집에 술이 있으면 아버지가 동네 친구들을 집으로 부르셔서 술잔을 기울이기를 좋아하셨고, 더러는 술 생각이 나거나 고민거리가 있는 사람들이 스스로 찾아와 아버지에게 조언을 청하기도 하는 것 같았다. 내 기억에 아버지는 그저 귀 기울여 들어주는 역할을 하고 계셨을 뿐 딱히 해결방도를 제시하거나 조언을 하는 것 같지는 않았다. 그런데도 신기하게 사람들은 마음이 후련해졌다며 돌아가고 다시 술병을 안고 찾아오곤 하였다. 그저 일개 농사꾼에 불과하였지만 아버지는 같이 웃어주고 깊이 고개를 끄덕여 주고, 같이 아파해 주는 속 깊은 사람이었던 모양이다.

명절 때면 우리들에게도 술 한 잔씩 따라주시며 술은 어른에게 배워야한다 주도를 가르쳐주곤 하셨다. 일곱 살이 되던 정월 대보름날 저녁 그날은 연중행사로 먹는 수육을 놓고 술상을 받으셨는데 어머니는 술을 못하셨기에 막내인 내가 술상 맡에서 아버지의 술친구 노릇을 하게 되었다. 동동주에 사카린 한두 알을 넣으니 쌀알이 동동 뜨는 게 꼭 감주 같아서 홀짝홀짝 마시다 한 잔을 다 비워버렸다. 소피가 마려워 일어서려는데 세상이 온통 빙글빙글 돌아 픽 쓰러지고 말았다. 결국 언니 등에 업혀서 찬바람을 쐬고 난리를 피운 끝에 진정이 되었지만 얼마나 혼쭐이 났는지 그날 이후 나는 술을 입에도 대지 않았다. 술이 자신의 의지와는 상관없이 사람을 얼마나 우습게 만드는지 나는 일곱 살에 이미 알았다.

다시 술을 마주하게 된 때는 세상이라는 저잣거리를 만나게 되면서부터이다. 사회생활 속에서 가장 흔한 것이 술자리인데 분위기에 어울리려다보니 익숙해진 것도 있지만 술이 주는 소통의 흔쾌함과 따뜻함은 그 어떤 것으로도 대신할 수 없다는 것을 느꼈기 때문이다. 애주가 아버지의 유전인자를 물려받았다면 그 소통의 인자도 물려받았기를 나는 소망했다. 오가는 술 잔 속에서 사람을 위로할 수 있는 능력을 가졌다면 이보다 더 큰 유산이 어디 있으랴.

나는 어머니처럼 동동주를 잘 담그는 법은 알지 못한다. 하지만 매년 매실주를 담그고 복분자주도 담근다. 언젠가는 진달래술도 담가볼 계획이다. 내가 빚은 술들이 어찌 고가의 명품주들과 비기랴. 하지만 이 술들이 익을 때 쯤 그리운 이들을 불러 향기 우러난 술 한 잔 권하며 그의 이야기에 깊이 귀 기울여줄 수 있는 사람이고 싶다. 명품와인 로마네 꽁띠도 부럽지 않을 내 술이 익어가는 마을을 만들고 싶다. 온 세상의 술이 나를 위해 익어가고 있거늘….

# 닭의 눈물 외 1편

이봉길
provider47@hanmail.net

아버지는 평범한 직장인이었지만 내게는 산처럼 든든했다. 내가 성적이 떨어져서 어머니한테 야단맞아도 아버지는 빙그레 웃기만 하셨다. 해마다 봄이면 이웃에 사는 큰이모댁과 우리가족이 함께 동래 금강원 꽃놀이 갔다가 온천에서 목욕을 하고 왔다. 여름에는 이웃들과 해운대나 광안리 해수욕장에 가는 연례행사도 아버지가 주관하셨다.

집에 여남은 마리 닭을 키웠다. 아침이면 따스한 온기가 남아있는 날계란으로 밥을 비벼 먹었고, 가끔 닭을 잡아 삼계탕이나 닭볶음을 해먹었다. 나는 심심찮게 어머니가 닭 잡는 걸 지켜봤다. 먼저 닭의 목을 비틀어서 숨을 죽이고 끓는 물에 담가 털을 뽑았다. 초등학교 삼학년 때다. 어머니가 무척 바빴는지 아버지한테 닭을 잡아달라고 부탁하셨다. 아버지는 닭 한 마리를 안고 나와 마당가에 있는 개수대로 가셨다. 아버지가 닭 목을 잡고 숨을 죽이기 시작하셨다. 그런데 갑자기 닭이 아버지 손을 벗어나 죽는 소리를 내지르며 마당 한가운데로 줄행랑을 쳤다. 이리저리 비틀거리며 도망가는 닭을 뒤쫓는 아버지가 닭보다 더 놀라신 것 같았다. "저 닭 잡아라. 닭!"이라고 고함을 지르며 어쩔 줄을 모르셨다. 내가 두 팔을 벌려 도망가는 닭을 가로막은 사이에 아버지는 간신히 닭을 붙잡으셨다. 다시 닭의 목을 잡으신 손이 부들부들 떨렸다. 결국 아버지는 그날 닭을 잡지 못하셨다. 그날 이후로 아버지가 닭 잡는 걸 본 적이 없다. 어머니는 생선 다듬듯 하시는 걸 끝내 못하신 아버지한테 실망하고 자존심이 상했다.

중학교 이학년 때다. 어머니가 닭 한 마리를 잡아오라고 하셨다. 닭장에 들어가 놀라서 이리저리 나르고 퍼덕이는 닭을 간신히 잡아서 품에 안고 나왔다. 마당가 개수대에는 큰 양푼이며 칼과 도마, 닭 잡는데 필요한 도구들이 널려있었다. 그때 어머니가 부엌에서 하시는 말씀이 들렸다. "끓는 물을 가지고 갈 테니 닭 숨 좀 죽이고 있거라."고 하셨다. 나는 어머니가 늘 하시던 대로 퍼덕이는 날개와 몸통을 꽉 누르고 목을 잡은 손아귀에 힘을 주며 비틀기 시작했다. 손목에 잔뜩 힘이 들어갔다. 닭의 목을 한 바퀴쯤 돌렸을까, 눈에 눈물이 가득한 닭이 나를 똑바로 보면서 하얀 눈까풀을 깜박한다. 그 순간 손에 힘이 쑥 빠지면서 두 손을 놓아버렸다. 나는 그 자리에 털썩 주저앉았고, 식겁을 한 닭은 푸드푸득 날개를 떨치며 온 마당을 뛰어다녔다.

아버지의 닭 잡던 이야기와 그날 내게 있었던 일은 지금껏 아무한테도 말하지 않았다.

# 마고

출장 나가 있는 동안 집에서 아무런 소식도 없다가, 돌아오기 전날 딸에게서 문자가 왔다. 마고가 밤늦게까지 현관에서 나를 기다린다고.

며칠 만에 돌아와 문을 들어서면서 마고를 찾았다. 기척이 없다. 소파에서 졸고 있는 놈에게 다가가 이름을 부르니 눈만 살짝 떴다 감는다. 반가워서 손을 내미니 새침하게 돌아서서 놈 특유의 걸음걸이로 건넛방 쪽으로 가버린다. 나를 기다리다 화가 난 것일까, 종일 졸면서 몸치장만 하는 주제에 놈은 자기가 왕인 줄 안다.

나도 마음이 내키지 않아 모른 체하고 짐을 풀고 내 할 일만 하고 잠자리에 들었다. 곤하게 자다가 기척이 있어 깼다. 모로 누운 내 눈앞에 익숙한 얼굴 하나가 마주 보고 있다. 서로 코가 닿을 듯 놈이 내 옆에 기다랗게 누워있는 게 아닌가. 찡하고 마음에 와 닿는 게 있다. 팔을 뻗어 쓰다듬어주니 '가르릉'거리는 소리를 내면서 꼬리를 흔든다.

고양이는 강아지처럼 주인에게 달려와 앞발을 들고 서서 반겨하지 않는다. 반가우면 깜빡 윙크 하는 정도가 놈의 인사다. 쓰다듬어 주면 개는 납작 엎드려 꼬리를 흔들지만, 고양이는 꼬리만 살살 흔들 뿐 기분에 따라서는 제 몸을 건드리는 걸 싫어한다. 홀로 사는 고양이에게는 리더라고 하는 의식 자체는 물론, 우월감이나 열등감 따위도 없다. 하루 14시간을 자고, 깨어있는 시간의 반은 그루밍(Grooming: 털 고르기)을 하며 제멋대로 행동하는 게 놈들의 매력이다.

나를 기다렸다면서 며칠 만에 돌아온 집안의 가장을 아는 체하기는커녕 요염한 뒤태를 보이며 사라지는 놈을 버릇이 없다고만 생각했다. 이름도 내가 좋아하는 와인 '마고'라고 부르며 나만 따르기를 바라면서 말이다. 그러고 보니 어느 쪽이 자기를 왕으로 생각하고 있는지 모르겠다.

# 통일의 염원

- 단둥여행기 -

이수재

soojae555@hanmail.net

여행 매니아 다섯 커플이 지난해 9월 국경도시 단둥 오룡골프장에서 골프여행을 즐겼다. 단둥의 오룡골프장을 찾은 것은 벌써 세 번째다.

첫 번째는 중국 국경도시에 골프장을 건설했다는 호기심에 찾았고, 두 번째는 북한과 마주보는 신의주의 밤은 불빛 하나 새어나오지 않는 아득한 암흑의 세상! 헐벗고 굶주림에 찌든, 가늠할 수 없는 암흑 속에 갇혀있는 칠흑 같은 어둠, 처량함이었다.

그러나 세 번째 찾은 여행은 불야성을 이룬 중국 국경도시의 역사를 알려주는 여행 전문가들의 역사탐방이었기에 보다 값진 여행이었다.

단둥에서 압록강 건너 북한을 바라보았다. 끊어진 철교 아래 묵묵히 흐르는 강물과 손에 잡힐 듯 삭막한 신의주를 바라보며 65년 전 무산된 통일의 꿈이 다시금 가슴을 저려왔다. 중국땅(단둥 국경) 초입에 서 있는 펑더화이(彭德懷) 중국 의용군 총 사령관의 동상을 쳐다보면서 인천 월미도의 맥아더 동상을 문득 떠올린 것은 비단 나만의 상흔이 아닐 것이다.

9월 15일은 맥아더 유엔군 사령관이 한국전쟁의 대 반전 드라마인 인천상륙작전을 펼친 지 65주년이 되는 날이다. 한국이 절체절명의 위기에서 벗어난 것을 기념해야 하고 '신의한수'와 같은 인천상륙작전 성공에도 불구하고 결국 통일이 물거품이 된 아픔을 기억해야 할 것이다. 맥아더장군의 인천상륙작전은 5000대 1의 성공률을 가진 도박이었다. 적의 허를 찌른 과감한 기습작전으로서 미국(세계) 전쟁사에서도 가장 빛나는 쾌거의 하나로 평가되고 있다.

맥아더 자신이 직접 기획. 감독한 군사전략적 천재성의 극치다. 상륙작전에 이어 서울 수복(9월 28일), 38선 통과(10월초), 평양탈환(10월 24일)까지는 모든 것이 순조로웠다. 통일이 손에 잡힐 듯했지만 문제는 그 다음이었다. 운산접전(10월 27일)이후 사라져 버린 중국군을 가볍게 여긴 맥아더와 우리 국군은 11월 마지막 주 압록강을 향한 동서 양 전선의 총 공격을 명하면서 크리스마스까지 전쟁을 끝내겠다고 호언장담했다. 하지만 30만 명에 달하는 중국군을 압록강 근접지역 산속에 매복해 놓고 유인작전을 벌인 펑더화이의 덫에 빠져 '새로운 전쟁'에 직면했다는 비명을 남기면서 퇴각한 것이다.

1951년 1월 4일에는 서울을 다시 적군에 내어줄 수밖에 없었다. 상황이 이렇듯 급전직하로 악화된 것은 중국의 참전 가능성을 무시하고 충분한 대비 태세 없이 무리한 총공세(11월 하순)를 감행했기 때문이다. 천시, 지리, 인화를 중시하면서 '적을 알고 나를 알면 백

전백승'이라는 손자병법의 교훈을 맥아더가 무시한 뼈아픈 한국전사의 교훈이었다. 6・25전쟁으로 파괴된 압록강 단교, 폭격으로 끊어진 흔적을 답사하면서 언제까지나 이렇게 갈라져 있어야만 하는가 하는 자괴감과 허탈감에 잠 못 이루기도 하였다.

다음날 골프여행은 오룡산 자락 30만평의 넓은 분지에 주변 풍광을 살리며 대 자연 속에 최고의 시설을 갖추고 우리 일행을 반겨 맞았다. 눈부시게 맑고 높은 가을하늘 아래서 긴 시간 잔디를 밟으면서 긍정과 극기의 정신을 배웠고 사교와 우호를 교환할 수 있어 동반자와 여유롭게 대화할 수 있었고, 자연속의 공간에서 좋은 인상을 심어 줄 수 있어 더 즐거웠었다. 부부끼리 조를 바꿔가며 기량을 겨루고 나이스 샷을 외쳐 가며 건강을 다짐할 수 있는 좋은 친구가 있다는 것에 인생 삶의 보람도 느껴보았다.

역사 탐방은 옛날 고구려의 광개토 대왕과 장수왕의 기개가 진하게 전해오는 압록강변 제1성인 박장성을 찾았는데, 중국의 동북공정은 만리장성의 국경 첫 기점 성이라고 이름하여 호산장성으로 개명하고 관광객을 맞고 있었다. 우리 일행은 위화도회군(이성계장군)을 연상하며 배를 타고 최대한 북쪽으로 접근하였는데 국경수비대 북한 장교 수양소와 북한 주민들이 열심히 일하는 모습이 보여 가깝게 다가가서 인사도 나누었다. 강변 민둥산에는 '선군 조선의 태양 김정은 만세! 위대한 김일성 동지와 김정일 동지는 우리와 함께 계신다'라고 새겨져 있고 강 위에서 마주친 배에 탄 북한주민들은 손을 흔들어 우리의 인사에 응답을 했다.

하지만 밤이 되어 호텔방에서 본 강 건너 신의주의 모습은 칠흑 같은 불 꺼진 암흑이었다. 최악의 인권환경에서 신음하는 북녘 동포들을 생각하면 가슴이 먹먹했고 하루 빨리 이를 해소해야 한다는 강한 민족적 사명감을 느꼈다.

다음날에는 동양 최대라고 자랑했던 수풍댐을 답사하였다. 책에서만 보았던 수풍댐을 직접 둘러보고 중국 국경관리자의 설명을 들었는데 수풍댐의 전기생산은 평양변전소로 직송되기 때문에 국경주위와 신의주는 불도 못 켜는 암흑 속에서 폭정과 굶주림에 시달리고 있다는 것을 실감 있게 들을 수 있었다. 우리 일행은 우일촌 반점(새마을식당)에서 매운탕과 진로소주로 여행의 피로를 풀면서 통일염원과 한반도 번영의 새로운 이정표를 토론하면서 북한 주민들의 생활상도 나아지기를 기도드렸다.

일제강점, 제2차 세계대전, 한국전쟁 등으로 점철된 우리 근대사는 눈물이다. 그러나 끈질긴 기질과 함께 하늘을 우러러 한점 부끄러움이 없기를 바라는 순수한 성정을 우리민족은 지녔다. 우리는 눈물을 환희로 바꾸었다.

"아부지 이만하면 나 잘 살았지예."라고 통곡하는 영화 '국제시장'에서 덕수의 눈물은 서러움과 그리움, 뿌듯함의 뒤범벅이다. 그리움을 밥 대신 먹고 서러움을 국 대신 삼키며 우리는 세계에서 가장 단기간에 산업보국을 이루었다.

한국은 필연 성공한 역사지만 기쁨은 여전히 반쪽이다.

통일은 연평해전과 천안함에서 산화한 이 땅의 아들들 윤영하 소령과 박동혁병장의 희생을 더 이상 반복하지 않고 승화하는 길이다. 통일은 남한에 오지 못해 고통당한 수많은 북녘의 덕수를 회복과 치유로 이끄는 길이다. 통일은 오고 이 한반도의 아들 딸에게 자긍심과 보람찬 일자리를 선물하는 길이다. 북한 지도부가 핵무기에 구원을 얻겠다는 망상에서만 깨어난다면 상생하며 번영으로 갈 길을 함께 찾아보자. 지금은 중국 단둥에서 신의주를 바라보고 중국 쪽에서 천지를 바라보지만 얼마 후에는 신의주에서 단둥을 바라보고 통일 한국 쪽에서 천지를 바라보며 환호할 날이 틀림없이 올 것이다.

짧은 시간에 깊이 살필 수는 없었지만 북한 땅을 엿볼 수 있어서 감회가 깊었다. 흘러간 역사와 교훈을 얻었고 미래의 거울이라는 것을 다시금 깨닫게 해 주었다. 금번 단둥여행은 통일이라는 거대한 과제를 다양한 현장을 통해 보다 구체적으로 느낄 수 있도록 보여준  친구들께 위로와 감사를 드린다.

# 건설 기술의 외길 인생

이윤환
inhong777.com@gmail.com

50년대 후반과 60년대 초의 우리나라는 한없이 어려웠던 시절이었다. 6·25의 상처가 채 아물기 전이었고 이승만 대통령의 장기집권으로 민심의 이반과 부정선거 시비로 어수선하였다. 얼마 뒤에는 학생들이 부정선거와 정권퇴진을 외치는 시위로 4·19혁명이 일어났다. 필자의 대학 시절이었다. 4.19혁명이 일어나고 1년 뒤에는 5·16군사혁명이 나니 국민은 혼란할 수밖에 없었다.

지금 생각하면 상상하기 어려운 시절이었다. 해마다 흉년이며 태풍은 왜 그리 자주 불었는지, 흉년의 연속이었다. 가난했던 유년기 시절, 마을에 가뭄이 들면 우리 논이 갯논이었기에 가뭄피해가 가장 심했다. 이 열악한 영농조건을 벗어나려면 농지의 확대와 농업용수시설을 비롯한 농업생산 기반이 튼튼해야 된다는 생각이 갯마을 소년(필자)에게 새겨져 농업과 농촌에 관한 농업토목 기술자로 발돋움한 계기가 되었다.

다행히 정부를 대신해 농어촌 근대화사업에 앞장선 토지개량조합연합회(한국농어촌공사 전신) 입사 시험에 합격되어 조사 설계부에 근무하게 되었다. 1960년대 남한의 답 면적은 총 129만ha(96년 현재 1,084만ha)이며 그중에 수리안전답 면적이 74만ha(약57.4%)로 농업용수 관개시설이 아주 미흡했다. 이 열악한 전국의 수리불안전답구역을 저수지 설계(1966년)부터 시작해서 공사 감독(중규모저수지, 간척공사 등등)에 이르기까지 농어촌근대화 사업에 참여해 농어촌경제발전에 힘썼으며, 때론 위험수당(군인이 경계하고 조사팀은 중간에 서서 이동)을 수령하면서 DMZ(군사분계선) 안에 있는 저수지(철원 중앙농조 시설물) 위치를 확인코자 위험을 무릅쓰고 어른 키를 훌쩍 넘는 갈대숲을 헤치고 들어가 조사도 했었다.

때론, 측량을 나가면 조상 대대로 물려받은 문전옥답(門前沃畓)과 살고 있는 가옥이 수몰된다며 반대가 심해 측량도 못하고 쫓겨났던 일도 허다했다. 이렇게 조건이 나쁜 전국의 오지와 더불어 전 국토를 수리안전답으로 전환시키는데 하루도 빠짐없이 참여했고, 심지어는 여름휴가도 반납할 때가 한두 해가 아니었다. 그렇게 하기를 31여 년, 이렇게 근무하다 보니 1995년 10월에는 농어촌 소득증대와 장학 사업을 통한 후진양성에 힘쓴 공로로 제 20회 진도 군민의 날 군수님(박승만)의 표창장과 패를, 또 농정시책 추진을 통하여 지역사회개발과 국가발전에 기여한 공로로 1996년 대통령표창(제 83018호)을 수상했다. 내게 주어진 일을 충실히 했을 뿐인데 큰 상을 받고 보니 기술인의 외길인생에 보람을 느꼈다.

생각해 보면 농어촌진흥공사에 근무하면서 가장 보람된 일은 진도군 군내면에 위치한 고향마을 앞바다를 막아 드넓은 농토(870ha)

를 조성한 일이었다. 남해안에 위치한 고향마을 앞바다는 수심이 얕아 대륙붕(大戮棚)이 잘 발달되어 있고, 조석간만(彫石干滿)의 차가 커서 간척사업 여건이 잘 갖추어져 있다. 당시, 전남지역 간척사업 책임자로 있으면서 군내지구는 1991년 착공하여 1997년 방조제(L=3,225m)를 완공하고 2007년 내부개답 공사까지 끝낸 상태다. 해서, 국토확장이 870ha가 새로 생겨서 1년이면 논에서는 연 평균 약 34억 원의 쌀이 생산되며, 담수호에는 6백18만 톤의 물이 확보되어 가뭄에 시달렸던 그 일대(덕병리, 용인부락, 한의부락, 대사리, 죽전리, 나리, 전두리) 마을들은 마음 놓고 농사를 경작할 수 있게 되었다. 몇 년 전만해도 가뭄에 시달렸던 갯마을들이 지금은 부농의 꿈을 이루고 있으니 얼마나 다행스런 일인가.

뿐인가, 나리(방조제 끝)에서 진도읍까지 13.2㎞의 거리가 단축되어 교통에 획기적인 변화를 가져왔다. 타 지구도 마찬가지지만 군내지구 간척사업은 주곡의 자급달성이란 큰 성과를 거두었으니 농어촌 건설에 종사해온 농업 토목 기술자로서 보람된 일을 했다 싶다.

그러나 그곳에 농도리착육장을 터만 닦아 놓고 정년퇴직한 것은 아쉬움으로 남는다. 이웃 나라인 일본은 가사오까 시에 있는 가사오까 지구를 비롯해 그 당시('93.6) 16개소가 시공이 완공되어, 생선 식료품 등 고선도화(高先導化) 추세에 따른 항공수송, 농작업에 필요한 시비(施肥) 및 약제 살포 등 항공기 이용의 필요성이 점차 증가하고 있다. 일본 출장('93.6.24~6.27) 後, 진도군에 건의해 군내 지구에 농도리착육장이 설치될 장소를 마련하였다. 어렵겠지만 빠른 시일 내에 시공이 완공되어 지역 주민의 바람을 이루었으면 한다.

한평생을 물과 인연을 맺어 외길로 살아온 것은 이 길이 좋았기 때문이다. 흉내는 냈지만 내 이름 동천(東泉)처럼 살았다고 볼 수는 없다. 그리고 물 찾아 천릿길을 다니며 나름대로 노력은 했지만 그래도 미비한 점이 있었지 않았나 싶다.

정년퇴임(1997년) 후 잠시 전남 광주에 있는 송원대학(지금은 4년제가 됨)에서 후학양성을 위해 시간강사를 역임했으며, 1986년부터 동천장학회 명의로 진도군 군내면에 있는 국내중학교에 매년 입학식 때 적은 금액이지만 장학금을 주어 왔다. 그러나 지금은 정지상태다. '금력이 권력이다'란 말도 있지만 어찌 돈이 전부겠는가. 무엇을 바라기보다는 긍정의 힘을 생활철학으로 사회에 적응하며 외길인생을 살아왔다. 요즘은 여가를 통해 수필을 쓰면서 그동안 경험해 온 풍부한 경륜을 바탕으로 지역사회 발전과 국가의 공익을 위해 배우며 노력하고 있다. 최근에는 국가상훈편찬위원회에서 발간하는 책 '현대사의 주역들' p1173에 저자의 일대기(一代記)가 수록되었다. 일대기 업적(業績)이 담긴 '국가상훈인물대전'을 후손에게 물려주는 것이 더욱 값진 유산(遺産)으로 금전보다 보람된 뜻이 아닌가 싶다.

# 밤손님

이재훈
usajae@gmail.com

하지가 지나고 날씨가 더워지면 빠지지 않고 매년 우리 집에 찾아오는 밤손님이 있다. 해가 서쪽으로 기울어지고 옆집과의 경계에 있는 단풍나무와 참나무의 그늘이 잔디밭에 늘어진다. 어디서 기다렸는지 모르는 시원한 산들바람이 정원을 지나면서 밤과 낮의 가름이 시나브로 시작된다. 땅거미가 잔디밭에 서서히 내리고 별들이 얼굴을 내밀기 시작할 즈음엔 깜빡거리며 불을 켜고 날아다니는 반디를 밤손님이라고 부른다. 밤손님을 통상 밤에 남의 물건을 훔치러오는 도둑으로 말하지만 우리 집에 찾아오는 손님은 그냥 빈손으로 오질 않고 등불을 들고 정원에 와서 우리 집에 기쁨을 주는 손님이다.

반딧불이가 우리 집의 앞뒤 정원에 나오기 시작하면 손자들은 하던 장난이나 공부를 멈추고 유리창에 머리를 대고 시간이 가는 줄 모르고 넋을 놓은 채 그들의 군무를 바라본다. 어디서 그렇게 몰려 왔는지 셀 수도 없이 수많은 반딧불이가 독립기념일에나 볼 수 있는 불꽃놀이를 할 때처럼 아름다운 불꽃의 잔치를 베푼다. 3~4초마다 반짝반짝 빛을 내면서 잔디밭이 좁다고 휘젓고 날아다닌다. 그들이 즐겁고 편안하게 날아다니도록 외등이나 방안의 등도 모두 끈다. 나도 손자들과 같이 창밖에서 벌어지는 황홀한 광경을 보노라면 마음은 어느덧 지구를 반 바퀴 돌아 탯줄을 묻고 동심을 키웠던 고향으로 돌아가 있다.

고향의 집 앞에는 텃밭과 넓은 바깥마당이 있어 반딧불이가 나오는 시점에는 동네 아이들이 다 모여서 초여름의 방문객을 서로 더 많이 잡으려고 난리이었다. 또한 마당이 끝나는 곳에는 제법 큰 논이 있어 거기에서 우는 개구리의 합창에 맞추어 이리 저리 뛰어다니면서 서로 잡아 보려고 모기에 물리는 것도 몰랐다. 잡은 반딧불이를 두 손바닥으로 옴 싸서 죽지 않게 보호한다. 손가락 사이로 반짝일 때마다 흘러나오는 인광은 어린 눈에게 신비의 것이었다. 집집마다 전기가 들어와 전등이 있었지만 전기료도 비쌌고 정전이 자주 있어 여름이면 아예 모깃불을 만들어 놓고 잘 때까지 살던 시절이라서 밤에 불을 켜고 날아다니던 반딧불이는 동경의 대상이 아닐 수 없었다. 가난하여 등불을 구할 수가 없어 여름밤에 이 반딧불이를 잡아 봉지에 넣어 공부했다하여 형설지공의 고사성어도 있지만 지금까지도 신비의 곤충으로 여긴다.

반딧불이는 듣기 거북하게 개똥벌레라고도 불리지만 개똥과는 아무 관련이 없는 딱정벌레의 일종이며 성장주기는 다른 곤충과 비교하여 별로 다르지 않다. 여름에 반딧불이는 성충으로 몇 주 동안만 살다가 알을 낳고 죽는다. 그 후 알은 나무껍질이나 땅에서 지내다가 애벌레가 되고 번데기로 변한다. 봄에서 초여름까지 번데기로 자라다가 6월 중순이 되면 탈바꿈을 하여 세상에 나온다. 다른 곤충에 비해 천적이 별로 없다고 한다. 겨우 2~3주 동안 살다가 죽는 곤충을 일 년 내내 기다릴 수 없는 것도 그렇고 밤에 꽁지에 불을 켜고 다니는 벌레를 누가 감히 잡으려고 노력을 할까.

빛이 있으면 열이 있게 마련인데 열이 없는 인광을 발사하는 이 곤충은 정말로 불가사의한 벌레다. 이런 열이 없는 발광의 본체를 오랜 연구의 결과로 원인을 밝혔지만 자연의 경이로움을 다시 확인한다. 밤에 반딧불이를 보는 것은 우리에게 신비하고 아름답지만 반딧불이에게는 생존에 관한 일이다. 밤에 불을 밝히는 이유는 크게 두 가지로 나눌 수 있다. 첫째는 자기를 보호하기 위한 경고의 수단이다. 어느 동물이던지 밤에 불을 켜고 다닌 곤충을 선뜻 공격을 하지 않을 것이다. 둘째는 종족보호의 수단으로 짝을 찾기 위하여 빛을 발사한다. 정해진 깜박거리는 신호로 서로 수컷과 암컷이 짝짓기 연애편지를 쓴다고 한다.

이 곤충은 주로 청정지역에서만 자랄 수 있고 살충제나 제초제를 사용하는 곳에서는 살지 못한다고 한다. 그러고 보니 우리 집 정원에 유난히 많이 반디가 몰려드는 이유를 알 수 있다. 어려서부터 농사일을 눈으로 보아왔고 정원 일을 좋아해서 집의 잔디밭, 정원, 텃밭에 시간을 많이 할애한다. 욕심을 부려 동네에서 가장 아름다운 정원을 만들려고 시간을 많이 낸다. 그래서 잔디밭이나 정원에 있는 잡초도 손으로 뽑고 되도록 유기농 방법으로 가꾸며 가급적 화공약품을 줄이려고 노력한다. 정원의 화초나 텃밭의 채소는 주인의 발걸음의 소리를 거름으로 삼아서 자란다고 한다. 그만큼 농작물이나 화훼는 잔손이 많이 간다. 시간만 나면 집 밖에서 일을 하니 부수입으로 동네 사람들과 만날 시간도 많아서 이웃과의 관계도 좋은 편이다.

작년 여름 어느 날에는 반딧불이 한꺼번에 많이 나와 뒤뜰에 있는 조그마한 향나무에 다닥다닥 붙었다. 크리스마스 때 장식하는 나무처럼 깜빡이는 불을 켜고 있어서 여름에 성탄을 맞이하는 기쁨을 맛보기도 했다. 올해는 작년보다 숫자로는 많질 않지만 그런대로 눈에 즐거움을 줄 정도로 많이 날아다닌다. 어두움이 짙어 가면 하나, 둘 짝을 찾았는지 서서히 반딧불이 줄어든다. 밤에 일어나는 그들의 애정행각을 어떻게 알 수는 없지만 내년을 기약하는 서곡에 마음은 미리 앞질러 간다. 내년에 다시 나타날 그들을 위해서 내가 할 일이 무엇인가 생각해본다.

밤손님에게 대접할 일은 지금까지 하던 그대로 그들의 환경을 파괴하지 않고 유기농 방법으로 정원을 가꾸는 것이다. 누구나 즐거움과 행복을 얻기 위해서 노력을 많이 해야 한다. 짧은 기간이지만 밤손님이 밤마다 펼치는 빛의 군무를 물끄러미 바라보고 있으면, 고향생각 이외에, 자연의 신비, 형광의 화려함, 동물 세계의 끈임없는 주기, 종족번식 본능, 이런 저런 생각으로 나를 잊고 만다. 그렇지만 모든 게 때가 있다는 것도 배운다. 다섯 살 된 손녀가 옆에 와서 같이 창밖을 보다가 슬며시 내 팔을 잡아당긴다. 밤손님도 집으로 돌아갈 때가 됐으니 우리도 이젠 잠을 자러 가잔다.

# 늙지 않는 우정

이진표
jp1801@hanmail.net

모과를 보면 생각나는 친구가 있다. 모과 향과 같은 우정으로 언제나 자기보다 먼저 친구를 배려하는 그들이다.

몇 년 전, 가야산 기슭에 사는 친구가 한번 다녀가라는 연락을 받았다. 지금 가야산에는 단풍이 한창이니 산에 다니는 친구들과 함께 다녀가란다.

고희를 넘긴 고등학교 동기 10여 명이 봉고버스를 전세내어 1박 2일 일정으로 다녀오기로 했다. 출발하는 날 아침이다. 지정된 장소에 모여 기다려도 차가 오지 않는다. 기다리다가 걱정이 되어 전화를 걸려고 전화박스로 갔다. 그동안에 차가 도착하여 모두 차를 타고 나를 기다리고 있었다.

차를 타고 보니 모두 뒷좌석에 앉고 앞자리가 비어 있었다. 여행을 할 때는 보통 앞자리에 앉기를 바란다. 그래야만 오르내리기도 편리하고 바깥 구경을 잘할 수 있기 때문이다. 그런데 왜 앞자리를 비워두고 뒷자리로 가서 앉았을까. 늦게 온 주제에 앞자리에 앉아 가니 미안했다.

금강휴게소에서 잠깐 쉬고 다시 차를 탔다. 내가 먼저 뒷자리로 가서 앉았다. 친구가 왜 뒤로 가느냐고 묻기에 심심해서…라고 했지만 어쩐지 미안한 마음을 지울 수 없었다. 앉기는 불편했지만 마음은 편했다.

그날 늦게 가야산 단풍구경에서 돌아왔다. 저녁 식사 자리에는 산채를 비롯해 여러 가지 반찬이 식탁에 올랐다. 그중에는 더덕구이도 있었다. 고추장 양념이 잘된 구이다. 더덕은 귀한 찬이라 모두가 맛있게 먹었다. 그런데 식사가 끝났는데도 구이가 남았다. 맛이 없어서도 아닌데 어찌 남았을까. 접시를 비우기가 미안했을까. 아니면…? 남아 나간 더덕구이가 마음에 걸렸다.

밤에는 이런 저런 얘기로 밤 깊은 줄도 모르다가 늦게야 잠자리에 들었다. 한 친구가 이불을 마루(거실)에 깐다. 방이 있는데 왜 마루에 자느냐고 물으니 방에서는 갑갑해서 못 잔단다. 또 다른 친구도 이불을 들고 나온다. 코를 많이 골기 때문이란다. 방이 크지 않아 함께 자기로는 비좁았다. 허나, 무슨 생각으로 이불을 들고 나오는지 친구가 달리 보였다.

학창시절 수학여행 때처럼 잠도 제대로 자지 못하고 하루 밤을 보냈다. 늙은 줄도 모르고 잠까지 설치며 많은 얘기를 나누었다. 까마득하게 잊고 있었던 이야기는 우리를 밤새도록 학창시절에 젖게 했고, 몸은 늙어도 정은 늙지 않았다. 추억을 되새기는 늙은이의 젊은 밤이었다.

다음날 아침 시래기국으로 어제의 피로를 풀었다. 배낭을 메고 숙소를 나설 때, 가야산 기슭에 사는 그 친구가 하나씩 가져가라며 모과 바구니를 내어 놓는다. 먼저 갖기가 미안한지 아무도 모과를 배낭에 넣지 않는다. 보다 못해 향이 좋다며 하나씩 집어준다. 탐스럽게 잘 익은 모과다. 모과는 아무리 못 생겨도 향은 그대로며 썩어가도 향을 잃지 않는다. 늙은 얼굴에도 변함없는 우정 같다. 또한 상큼하면서 은은한 향은 정신안정에 도움을 준다. 그래서 모과를 아끼고 가까이 한다. 어느새 모과 향이 차 안에 가득하다.

단풍구경에다 후한 대접까지 받고 돌아오는 길이다. 피곤하여 의자에 몸을 기대니 모과 향이 콧등을 스친다. 차창에 비치는 풍경 속에 어제 있었던 일들이 겹친다.

앞자리를 비워두고 뒷자리에 앉은 친구들, 맛좋은 더덕구이를 다 먹지 않고 남긴 친구들, 이부자리를 들고 마루로 나오며 갑갑해서 못 잔다는 친구, 탐스럽게 익은 모과를 가져가라는데도 가지지 않던 친구들, 앉고 싶고, 먹고 싶고 갖고 싶지 않았을까. 어찌 피곤한 몸인데 방안에서 자고 싶지 않았을까. 체면을 알고 자기를 이긴 위인들이다. 나이 들면 몸도 마음도 늙어가고 이기적이 된다고 했는데, 알고도 모를 친구들 마음이다. 이런 저런 생각 중에 잊고 있던 지난날의 부끄러운 일이 불현듯 떠올랐다.

몇 십 년도 더 지난 어느 날의 일이다. 학교에 있을 때 운동연습을 하고 단체 회식을 하는 자리에서 삼삼오오 둘러 앉아 석쇠에 쇠고기를 굽고 있었다. 그때 다른 사람 앞에 있는 익은 고기를 집어서 내 앞 접시에 담다가 쓴 소리를 들었다. 그때는 젊을 때라 예사로 넘겼지만 체면 없는 일이었다. 그런데 어제 저녁에 남긴 더덕구이를 생각하니 웃음이 나왔다.

친구들이 눈앞에서 사라지지 않는다. 산행 때도 배려하는 마음이 남달랐던 친구들이다. 산에 같이 다닌 지가 10년이 넘었지만 큰 소리 한 번 없었다. 그런 친구들의 깊은 마음을, 아니 변함없는 우정을 다시 느꼈다. 나에게도 그런 정이 있을까 물어본다.

지금도 모과를 보면 그날이 생각난다. 가야산 기슭에서 살던 친구는 어떻게 지낼까. 모과를 집어주던 그 손이 선하다. 10월의 밤이면 싸늘한데 이불을 들고 마루로 나오던 그 친구, 앞자리를 비워주던 고희를 넘긴 친구들, 문경지교(刎頸之交)*라 했던가. 아픔을 대신할 수 있는 친구들이다. 세월이 가고 나이가 들어도 배려하는 마음은 변할 줄을 모른다. 유유상종(類類相從)이라 했는데 나를 돌아본다.

그렇다. 우정은 늙지 않는다. 세월도, 나이도 문제되지 않는다. 오로지 변함없는 배려일 뿐이다. 못생겨도 썩어가도 언제나 변할 줄 모르는 모과 향에서 한결같은 우정을 느낀다.

해서, 모과를 볼 때면 그때 그 친구가 생각난다. 아니 그 얼굴이 그립다.

*문경지교(刎頸之交): 생사를 함께할 만큼 절친한 사귐, 또는 벗.

# 내 짝꿍

이근순
gunsoon0313@hanmail.net

날렵한 유선형 몸매는 옹골지고 단단하다. 날카롭고 예민한 성격이라 눈치를 보고 공도 들였다. 백 번 찍어 안 넘어가는 것이 없다고 하지만, 수없이 찍고 또 찍은 끝에 겨우 내 편을 만들었다. 그래도 방심하면 큰일 난다. 내 손에 안기면 경쾌한 동작으로 가볍게 춤을 추고 흥겹게 리듬도 타지만, 조금이라도 한눈을 팔면 앙탈을 부리고 서슬 퍼런 훈계도 하기 때문이다.

따뜻한 말 한마디 나눌 수는 없는 사이지만, 눈치로 주고받으며 정을 쌓은 우리. 엉성한 주부 초년 시절부터 고갯마루 지나온 지금까지 30여 년의 세월을 일비일희(一悲一喜) 동고동락(同苦同樂)하였으니 그야말로 찰떡궁합 천생연분이다.

그렇게 정이 들 때까지는 우여곡절도 많았다. 결혼 날짜가 다가오면서 하나 둘씩 늘어나던 짐들. 큰 살림이든 작은 살림이든 부지깽이 하나라도 빠지면 불편하다면서 꼼꼼하게 챙겨주셨던 혼수. 그런데 식칼을 고르는 엄마의 모습은 여느 때와 달리 신중하고 또 신중했다. 몇 군데 그릇가게를 돌고 돌아도 고개만 저으셨다. 나이 지긋한 주인이 이것저것 권했지만 모두 퇴짜. 이것은 너무 날카롭고, 저것은 무겁고, 또 다른 것은 손잡이의 나무가 잘 썩는 재질이라 안 되고… 결국 친구들의 조언으로 그럴듯한 칼 세트를 구입하였지만 영 못 마땅한 눈치였다.

신혼여행에서 돌아와 가재도구를 정리하는데 낯익은 식칼이 보였다. 온통 반짝거리는 주방기구들 틈에서 옹색해 보이던 그 식칼은 엄마가 쓰시던 것 중의 하나였는데, 나는 별 생각 없이 구석에 밀어 넣고는 곧 잊어버렸다.

누가 알콩달콩 신혼 재미라고 했던가. 가끔 엄마를 도우면서 어깨너머로 보아온 살림살이는 빙산의 일각일 뿐. 게다가 주방 일은 첩첩산중이다. 라면 하나 끓이는 데도 우왕좌왕, 간단하다고 생각한 콩나물무침도 반나절이 걸렸다. 그래도 시간이 보약이라고 안방 주인 모양새를 풍길 즈음, 세간 살림은 정이 들고 손때가 묻었다. 그 중에서도 주방기구는 더욱 각별해졌다. 그런데 어찌된 일인지 한 자도 되지 않는 식칼 앞에만 서면 주눅이 들었다.

이른 아침, 경쾌한 휘모리장단으로 선잠을 깨우던 엄마의 칼도마 소리 귀에 쟁쟁한데, 나는 돌쟁이 걸음마 떼듯 위태위태 불안불안이다. 툭하면 베이고 다치는 바람에 손가락 성할 날이 없으니 '가까이 하기에는 너무 먼 그대'였다.

어쨌거나 나름대로 고군분투를 하던 중, 집들이나 김장 등의 버거운 일로 집 에 오시면 엄마가 찾던 그 칼이 생각났다. 혹여 무뎌지는 기미가 보이면 접시나 사기 그릇 바닥에 쓱쓱 문질러 적당히 날을 세운 후, 산더미 같은 일거리를 뚝딱뚝딱 해치우던 솜씨는 거의 예술의 경지였다.

그제서 찬찬히 살펴보니 등허리는 차분하고 아담한 몸체가 수더분해 보였다. 손잡이를 쥐어보니 살며시 느껴지는 엄마의 체온. 어설픈 시간을 지내고 나서야 당신이 쓰던 칼을 혼수품에 끼워 보냈는지 알게 되었다.

어렵사리 인연을 맺은 그 칼도 처음에는 만만치 않았다. 하기야 고작 2년 남짓의 병아리 주부가 어찌 알겠는가. 단단한 무쇠덩어리가 겪었을 혹독한 간난신고(艱難辛苦)와 모질고 모진 인고의 과정을. 기억하고 싶지 않는 무연탄 화로와 무자비한 담금질을. 뿐인가. 장인의 손끝에서 갈고 다듬어질 때는 모골까지 송연했으리라. 그렇게 완성된 식칼이기에 오랜 세월, 수 만 가지의 먹을거리를 아우르면서 주방을 지키고 한 집안의 건강도 책임졌을 것이다.

어찌 보면 여자의 삶도 식칼과 비슷하다는 생각이 든다. 결혼을 해서 지어미가 되고 엄마가 되고 며느리가 되기까지에는 숨도 죽이고 울음 삼키는 일이 다반사. 그럴 때마다 칼질을 하면서 마음도 잡고 세운 날도 접고 접으면서 세상사 데면데면 둥글둥글해 졌을 터. 그 사이, 금쪽같은 내 새끼 조석을 챙기는 것도 함께였고 눈물 콧물 쏙 빼야 했던 시집살이도 지켜봐 주었다. 무수한 살얼음판을 지날 때에는 식칼로부터 한 수 배웠으며 위안도 받았다.

힘들었던 만큼 정도 깊어지고 애틋해지는 것은 사물도 매한가지. 마음이 깃드니 조금씩 곁을 주는 식칼과 혼연일체가 되어 강하게, 때로는 리드미컬하게 썰고 다지다 보면 언짢은 일은 삭혀지고 나중에는 무념의 상태에 이르게 된다.

생활에 꼭 필요한 칼도 쓰는 사람에 따라 흉한 도구나 무기로 사용되곤 한다. 상대편에 대한 모진 마음을 먹거나 억한 심정을 누르지 못할 때에 칼을 품는다고 하고, 때론 규중 여인들을 지켜주는 은장도가 되기도 하는 칼. 한 구비 지나 돌이켜보니 내게는 넘치는 것을 경계하고 흔들림도 잡아주던 스승이었으며 주방은 도를 닦는 공간이었다.

세월의 무게를 이기지 못한 내 짝꿍. 부드럽고 예리한 곡면 가운데는 날이 빠졌고, 날렵한 버선코를 닮은 칼끝은 부러져 뭉툭하다. 그 모습이 애잔하게 느껴지는 것은 내 연민 탓일 게다.

이른 아침 햇살에 반사되는 파르스름한 아우라. 그 명징함에 반해 칼자루를 쥔다. 이 만큼의 세월이면 객쩍은 농담 한 번 던질 법도 하거늘, 틈이 없다. 칼도 사람도 멈추면 녹밖에 더 슬겠는가. 그래! 오늘은 시원한 해장국이다.

# 노래한다 금수강산

- 檀林과 白頭大幹

임봉훈
imbhoon@hanmail.net

일간지 지면은 나의 시선을 사로잡는다. 지난 해 12월 16일이다. 쭉쭉 뻗고 빽빽하게 자란 나무는 키 높이가 30미터나 된다고 한다. 1974년에 시작한 식수(植樹)는 2900그루, 1990년부터 6년 동안 41만 4천 그루를 심었다하고 2012년에도 1만 8천 그루를 심었다. 산림청은 수십만 그루 가운데 5천 그루는 일부라고 하였다. 하늘 높이 솟은 자태가 너무 아름답다하여 귀부인으로 묘사하였다. 하얀색 수피(樹皮)의 오솔길에 손잡고 거니는 세인들의 모습은 동화속의 그림 같다. 사람들은 '원대리 자작나무 숲' 또는 '속삭이는 자작나무 숲'이라고 명명(命名)하였다.

황홀하게 유혹(誘惑)하는 자작나무(樺木) 숲은 나의 숨을 고르게 한다. 고토(古土)였던 만주벌이 뇌리를 스친다. 단기(檀紀) 4344년 (2011) 7월 16일이었다. 길림성(吉林省) 돈화시(敦化市)에 있는 발해

(渤海) 유적지 탐방 길에 장백(長白)폭포와 천문봉(天文峯)을 탐승하게 되었다. 그러나 어두운 밤길에 비가 내린다. 자정(子正)이 넘어서 겨우 백두산자락의 호림(虎林)호텔에 도착, 여장을 풀었다. 일정(日程) 소화를 위하여 쫓기듯 새벽 5시에 기상하였다. 창문 커튼을 열었다. '아, 여기가!' 하고 나의 눈을 의심 하였다. 자욱하고 얕은 안개 속에 광활한 푸른 숲은 아득한 지평선처럼 펼쳐지는 정경(情景)에 놀라지 않을 수 없었다. 아름답다. 말로서는 표현 할 수가 없다. 위대한 조물주의 조화(造化)였다. 푸른 숲으로 에워싸인 호텔은 하늘만이 뻥 뚫려 있다. 신선이 산다는 동천(洞天)은 이런 곳을 두고 하는 말이 아닐까? 배달민족의 상징, 박달과 자작나무 숲이 연출한 영산(靈山) 백두의 찬란한 여명(黎明)은 새벽을 알리는 북소리(曉鼓)였다.

곧 장백(長白)폭포를 향하여 채비(差備)를 차렸다. 잘 훈련된 의장대 행렬처럼 하늘 높이 솟아 서 있는 자작나무 숲길이다. 낙엽교목(落葉喬木) 특유의 향기에 취하면서 얼마간 달려갔다. 폭포가 가까워진다. 화산재로 채워진 협곡에 매료되게 한다. 온천수가 흐르고 고산(高山) 식물이 자라는가 하면 단목(檀木)과 화목(樺木)은 군락을 이루고 있다. 천지(天池)의 폭포수는 북으로 흘러 송화강(松花江)이 되고 긴 여정은 흑룡강(黑龍江)으로 이어진다. 러시아와 국경을 접하고 있다. 한민족의 애환이 서려있는 연해주가 있고 숲길은 자작나무 군락으로 펼쳐진다.

지난해 9월 이었다. 3박 4일의 러시아 수행 일정이 잡혔다. 한반도 통일과 극동 아시아의 발전을 위한 한국정책재단의 국제 심포지엄이 블라디보스톡에서 열렸다. 동북3성의 만주와 백두산 그리고 연변 조선족자치주의 상공을 통과하고 연해주(沿海州)로 날아갔다. 공항 착륙을 위해 탑승기는 고도(高度)를 낮춘다. 우거진 녹색 밀림이 시야에 들어온다. 자작나무 활엽교목으로 사료된다. 회의 틈새와 일정표(日程表)에 따라 연해주에 산재한 배달나라(檀國)의 역사현장을 찾아 야산과 숲길을 달렸다.

안중근(安重根)의사의 단지(斷指)로 결사동맹(決死同盟)을 결의하고 결행한 크라스키노(연추하리) 마을과 의사(義士) 12분을 기리는 단지동맹유지(斷指同盟遺址)비와 부동항(不凍港), 해삼위(海參威), 그리고 동북아 해운거점(海運據點)으로 주목 받으면서 개발 중인 자루비노항(港)등을 탐방하였다. 끝없는 대지(大地)는 우리 상고사(上古史)와 현근대사를 피해 갈수가 없다. 발해, 요나라, 금나라, 청나라 등이다. 지정학적 생태계를 무시할 수도 없다. 백두산 호랑이의 길목이기도 하다. 블라디보스톡에서 2시간여 달려가니 활짝 핀 코스모스가 반겨준다. '바라바쉬' 휴게소이다. 20분쯤 거리의 무성한 숲에는 호랑이와 사자가 출몰한다고 한다. 동물과 자연보호를 위하여 팻말을 붙여 놓고 있다. 노란색은 호랑이와 표범 출몰 지역이고 파란색은 국경표시라고 한다. 호랑이의 습격을 피해 반드시 차량을 이용할 것을 권고한다. 노변 가로수가 낯설지 않다. 나는 혼자 말하듯 이야기하였다. '가로수 심느라고 고생 많았다'고 중얼거렸다. 현지 사업가인 안내자가 정색을 한다. "아닙니다. 자작나무 숲속으로 길을 닦은 것입니다."라고 하고 심은 것은 한 그루도 없다고 하였다.

우리 민족은 우스갯소리로 하는 말이 있다. 속된 말이다. 견공(犬公)의 눈에는 보이는 것이 있다고 비유한다. 내게는 박달나무 단(檀)자와 자작나무 화(樺)자이다. 檀자는 자작나무과에 속하는 향목(香木)

의 총칭으로 자전(字典)은 전하고 있다. 단목(檀木), 단국(檀國), 단군(檀君), 단군기원(檀君紀元) 등이다.

'원대리 자작나무 숲'은 백두대간 자락의 오지(奧地)에 있다. 강원도 인재군 원대리(江原道 麟蹄郡 院垈里)이다. '인제가면 언제 오나 원통해서 못 살겠네'라고 전하는 말처럼 깊은 산골 화전민(火田民)의 삶터였다.

진부령(陳富嶺), 미시령(彌矢嶺), 한계령(寒溪嶺)의 서남쪽 깊숙한 산골이다. 소양강 상류로 내린천(內麟川)이 흐르고 있다. 그곳에 대단위 자작나무(樺) 산림 단지가 조성되어 있다. 유용한 가구 목재 뿐 아니라 자연이 베풀어주는 인성(人性) 순화의 휴양지이고 관광지로 각광(脚光)을 받고 있다. 쭉쭉 뻗은 자작나무를 보면서 박달나무 단(檀)자를 국호로 사용한 고조선을 뒤 돌아보게 한다. 백두대간을 중심에 두고 동북아에 터 잡아 자라고 있는 단림(檀林) 화림(樺林)은 역사적 측면에서 시사하는 바 크다는 것을 느끼고 깨닫게 한다. 공자가 노(魯)나라를 주유하면서 엮은 시경(詩經) 소아 편에 학명(鶴鳴)이라는 글이 있다. 글귀 가운데 '원유수단(爰有樹檀)'을 주목하게 한다. 이방(異邦)에서 백두대간 혼령이 살아 숨 쉬는 선열의 자취를 보았다. 감회(感懷)가 깊다. 단림(檀林) 속에 자리한 연해주 유적지를 다음과 같이 칠언율시에 담아 노래하고 읊는다.

**斷指同盟遺址**

現地筆寫 任奉壎(小號)
곳 러시아 沿海洲 연추하리
때 檀紀4348年(2015) 9月15日

1909年 2月 7日 安重根 義士를 비롯한 決死同志 金기용. 朴규삼. 黃병길. 조응순. 강순기. 강창두. 정원주. 朴봉석. 유치홍. 金백춘. 金천화 等 12人은 이곳 크라스키노(연추하리) 마을에서 祖國의 獨立과 東洋의 平和를 爲하여 斷指同盟하다. 이들은 太極旗를 펼쳐놓고 各其 왼손 無名指를 잘라 生動하는 鮮血을 大韓獨立이라 쓰고 大韓國 萬歲를 三唱하다. 光復會와 高麗學術文化財團은 2001年 10月 18日 러시아 政府의 協助를 얻어 이 碑를 세우다.

*100% 한글로 된 러시아 현지 비문을 한자로 바꾸어 혼용 보완하여 보았음.

同盟異鄕先烈眞 나라 위해 동맹한 낯선 땅은 진정 선열의 고장인데
樹樺沿海石碑珣 樺木이 자라는 연해주의 석비는 東方之美者로다
守邦結社義形染 나라 지키는 단체는 正義의 모습으로 물들이고
斷指書旗鮮血伸 斷指로 글 쓴 국기는 생생한 피로 밝혀 폄이로다.
長史烏兎俄土近 긴 역사의 日月 속에 아라사와 가까이 하였는데
肇基檀國萬方隣 토대 닦은 배달나라는 많은 나라와 이웃하도다.
名聲十二不忘裏 세상에 널리 떨친 이름 十二분을 잊을 수 없는 속에
今日唱吟遺志遵 금일 창음은 살아생전에 이루지 못한 뜻 따름이로다.

註

同盟: 개인, 단체 또는 國家가 같은 목적이나 利益을 위하여 같이 行動하기로 약속하는 일, 또 그 사람, 단체 또는 나라.

異鄕: 낯선 딴 고장, 他鄕.

先烈: 先代의 餘光, 절개를 굳게 지켜 國家를 위하여 싸우다가 돌아가신 烈士.

樹樺: 자작나무가 자라고 있음.

樹: 나무수→심을수, 식물을 심음.

樺: 자작나무화(檀: 박달나무단→樺字를 포함한 향나무 과의 총칭으로 일컫는 檀字이다:爰有樹檀 詩經).

石碑: 바위에 새겨놓은 글 비석.

結社: 一定한 目的을 위하여 여러 사람이 合同하여 단체를 결성함, 또 그 단체.

義形(義形於色): 가슴속에 正義를 위한 마음을 품고 있으면 外貌에 나타남.
斷指: 손가락을 잘라 버림(斷: 자를단, 指: 손가락지).
書旗: 태극기에 글을 쓰다(書글서, 旗기기).
伸: 펼신, 펴질신(넓어짐, 길어짐).
鮮: 고을선(선명함).
烏: 三足烏(日).
兎: 토끼토(月).
烏兎: 日月→(歲月).
俄: 俄羅斯(러시아)아, 잠깐아.
俄土(俄國): 러시아 나라.
檀國: 배달나라(대한민국).
名聲: 세상에 널리 펼친 이름, 명예, 聲名.
遺: 남길유, 끼칠유, 빠질유.
志: 뜻지.
遺志: 죽은 사람이 生前에 이루지 못하고 남긴 뜻.
方: 모질방, 방위방, 나눌방, 나라방(國家, 國土)등 17개의 뜻을 가지고 있음.

# 푸른 겨울

장병선
byungsunchang@gmail.com

연말연시를 같이 보내고자 딸집에 들렀다.

세밑의 도쿄는 영하다. 딸의 문 앞 전송을 받으며 아름다운 시설로 소문난 쯔다야(蔦屋)서점*으로 나선다. 큰길가 가로수가 층층이다. 키 큰 은행나무가 3~4m 간격으로 서 있는 그 밑에 내 허리높이의 사철나무가 서로 보듬어 안은 듯 촘촘히 붙어 있다. 짙푸른 사철나무 잎에 아침 햇살이 내린다. 이슬 스민 잎들이 빛난다. 청옥(青玉)처럼 반짝인다.

큰길에서 지름길로 들어선다. 다이칸야마(代官山) 역에서 하치야마조(鉢山町) 방향으로 가는 골목길. 승용차 한 대가 겨우 지나갈 수 있는 도롯가에 양품점이 즐비하다. 마치 서울 청담동처럼 아래층은 패션 의류와 신변 액세서리 판매장이며, 위층은 살림하는 주택이 나란히 이어져 있다.

길가 쇼윈도 앞엔 화초가, 그 뒷줄엔 상록 분재가 줄을 서 있다.

좌우 양쪽 담 안에 동백나무가 2층 창문 높이까지 자라, 울타리 같이 보인다. 군데군데 핀 짙붉은 꽃이, 목화처럼 하얀 꽃이 시선을 끈다.

햇볕 받아 환한 얼굴, 추운 기색 하나 없다. 동백꽃은 일본에선 간쯔바키(寒椿)라고 불리기도 한다. 혹한을 견디며 속살을 드러낸 저 인내. 야들야들한 꽃잎이 장해 보인다. 겹겹의 옷 위에 두꺼운 털옷까지 입고도 움츠린 내 모습이 부끄럽다.

그다음 옷집도 온통 푸르다. 아래층에서 2층 벽을 두른 상록 활엽 아이비(ivy) 덩굴 속에 참새 떼가 짹짹거린다. 이 집의 쇼윈도 앞에도 먼나무・올리브나무・편백・녹나무와 황금초・트리안・만년청・천세란(千歲蘭) 등의 상록수와 화초들이 크고 작은 화분에 식재돼, 가지런히 놓여 있다. 2층 살림집으로 올라가는 계단에 화분이 매달리고, 분재도 계단마다 놓여 있다.

손바닥만 한 공지만 있으면, 아니 공간만 있으면 꽃이나 나무를 들여놓는 이곳 사람들. 대부분의 일본인이 그러하다. 나이 든 사람들이 여유 시간만 있으면 정원을 꾸민다. 그들이 '정원사'로 불리는 이유이다. 집 안이 좁아도 계단이나 공간에 나무를 키운다. 아파트에 산다고, 나무 한 그루 심을 땅이 없다고 볼멘소리하던 자신이 아닌가.

그 집을 지나니 싱싱한 풀 냄새가 난다. 디퓨저(Diffuser・향기 확산기) 전문점이다. 여러 가지 향기 유리병이 층층으로 진열돼 있다. 출입구 전면에 5ℓ의 향액(香液)을 채운 큰 화병만 한 투명 병 서너 개가 놓여, 손님을 맞이한다. 그 병에 꽂힌 대나무 막대를 통해 품어내는 '초향(草香)'이 나의 코를 실룩거리게 한다. 바람 일렁이는 풀밭에 선 느낌이다.

이어진 액세서리 집은 아예 바깥벽에 화초를 돌출시켜 심었다. 팻말이 꽂혀 있다. '자연을 우리 집으로' 부엽토와 이끼를 표면에 깐 커다란 나무 액자 화분 여러 개를, 깎아지른 듯한 벽면에 붙여 놓았다. 벽이 하나의 너른 정원이다.

이처럼 쯔다야서점 가는 길은 집 주위가 푸르다. 한겨울인데도 여름 같은 풍경, 상록의 식물이 겨우내 푸르다. 집집이 경쟁하듯 늘 푸른 화초나 나무 곁에서 겨울난다는 주민들. 일본이 선진국이라서 그럴까. 이곳의 푸른 공기를 마시고 사는 딸의 동네라서 그럴까? 부러움과 고마운 마음이 함께 교차한다.

비단 이 골목만이 아니다. 고층 아파트가 드문 도쿄의 주택지 대부분은 집 주위에 상록 분재를 놓거나 나무를 심어 푸른 기운을 마신다. 분재와 정원의 나라라고 하는 일본, 여기만이 아니다. 어느 지역에서도 집 안에 정원을 꾸미고, 좁은 공지(空地)에도 소나무, 편백, 먼나무 같은 늘푸른나무를 심어, 관상하며 차(茶) 마시는 여유를 즐긴다.

그래서 일본이 세계 최장수 나라가 됐을까? 연중 푸른 공기를 마시며 여유로운 삶이니 그럴지도 모른다. 대기오염으로 나빠진 몸의 부위를 치유한다는 피톤치드(phytoncide)를 공기처럼 마시고 산다. 초목을 키우는 그들만이 아니다. 그 이웃과 골목길을 지나다니는 사람, 그리고 나처럼 잠시 이곳에 들른 이방인까지 청량한 공기를, 피톤치드를 마시게 한다.

장수 시대인 요즘의 화두는 건강이다. 너나없이 신경 쓰는 맑은 정신과 팔팔한 삶이다. 누구나 오래 사는 연명(延命)을 넘어, 살아가는 동안 앓지 않고 '푸른 겨울'을, '늘 푸른 삶'을 누리길 바랄 것이다.

나무 심을 땅이 없다고, 공간이 좁다고 머무적댈 일이 아니다. 아파트 베란다면 어떠하랴. 귀국하는 대로 늘푸른나무 분재 몇 개를 들여놓아야겠다.

*쯔다야서점: 일본이 자랑하는 세계에서 가장 아름다운 서점으로 관광 순례 코스의 하나. 최신 책·문구·여행·영화·음악 등의 정보와 유명 찻집, 음식점 시설을 겸비한 서점 겸 도서관. 아침 7시부터 새벽 2시까지 개관.

# 맷 돌

조 철 형
jch0729@naver.com

"철아. '어처구니'가 없다. 어디 있는지 좀 찾아봐라." 하신다. 내일 군에 간 형이 첫 휴가를 온다는 군사우편이 왔으니 어머니는 두부를 만들 작정이셨다. 지난번에 분명 시렁 위에 올려놓았는데, 동생이 갖고 앞집 좌달이와 자치기하러 갔나보다. 집 앞에서 동생은 과연 어처구니로 자치기를 하고 있었다. 어이가 없었다.

맷돌 손잡이를 '어처구니 또는 어이'라 불렀다. 맷돌을 돌려야 하는데 손잡이가 없으면 난감하여 그렇게 불렀는지도 모른다.

맷돌은 고대 농경사회 시절부터 집안에 없어선 안 될 필수품이어서 전당품으로 잡지 못하도록 율법으로 규정하였다. 아들이 장가들어 분가할 때 마련해주는 살림도구였다. 집집마다 맷돌 소리와 다듬잇돌 방망이 소리가 어울리는 그 정겨웠던 시골마을이 눈에 선하다.

중학교를 마칠 때까지 어머니와 맷돌 가는 것은 내 몫이었다. 맷돌을 갈면서부터 내 마음을 갈고 닦은 지도 모른다. 맷돌은 투박해 보이나 모가 나지 않게 상당히 정교하게 만든 장인(匠人) 작품이다.

맷돌은 곰보처럼 얽은 두 개의 돌이 위, 아래로 겹쳐 한 짝이 된다. 아랫돌 윗면은 볼록하고 중앙에 돌기 중쇠(수쇠)가 있고, 윗돌의 아래 면은 오목하고 중앙에 구멍이 있는데 중쇠(암쇠)이다. 수쇠와 암쇠가 딱 맞게 되어 회전 시 이탈하지 않고 돌아가니 금실 좋은 부부를 상징한다.

윗돌 가장자리에 어처구니 쐐기 구멍이 있고, 곡식 투입구 맷돌 구멍이 중앙에 위치한다. 자연스럽게 굴러 들어가게끔 아래로 나선형으로 뚫려 아랫돌 면에 연결된다. 자세히 보면 곡선 모양의 태극 문양을 하였으니 배달겨레의 풍속과 얼이 조각된 숨 쉬는 유품이다.

말린 옥수수, 팥, 메밀, 녹두, 도토리 등을 타갤 때 투입된 곡식은 맷돌 구멍을 통하여 시계 방향으로 굴러들어간다. 반대로 돌리면 투입된 곡식이 토해진다. 한 방향을 고수해야한다. 그러니 맷돌은 고지식한 원칙주의자이다.

어머니와 마주 앉아, 손잡이를 잡아 반 바퀴 돌려 내 앞에 오면 어머니가 어머니 쪽으로 반 바퀴 돌린다. 주거니 받거니 호흡을 맞추면서 자연스럽게 돌아가며 모자 정을 실타래로 감는 듯하다. 맷돌이 돌아가면서 진가를 발휘한다. 힘이 덜 드는 협업(協業) 정신을 몸소 느낀다.

맷돌은 정이 넘치고 온화한 모습을 지닌다. 아무리 단단한 곡식이라도 품에 안기면 잘게 곱게 타개진다. 어금니가 없는 어린이나 노인들을 위해 미리 씹었으니 침만 섞이면 탄수화물이 분해가 되어 소화가 된다. 맷돌은 외유내강하며 정성과 모성애를 베푼다.

맷돌질을 동생에게 인계할 때가 되었다. 동생은 왼손잡이다. 마주 앉아 안 쓰던 오른손을 쓰다 보니 무척 힘들어 했다. 땀방울을 흘리며 극복했다. 동생은 맷돌을 통해 오른손마저 능수능란하게 쓸 수 있게 되었다. 손재주가 형제 중 가장 뛰어났으니 맷돌은 손의, 아니 삶의 조련사이다.

내가 결혼해 고향 아버지 산소를 찾아뵈었을 때, 어머니가 맷돌을 내다 주시면서 "맷돌처럼 살아라." 하셨다. 가슴이 울컥, 뜨거운 눈물이 앞을 가렸다. 나에게 주시는 유일한 상속, 세상에서 가장 값진 유산이었다. 아버지가 돌아가시기 전에 장만하신 것이다. "맷돌같이 살겠습니다." 다짐했다.

예의 그 맷돌을 거실에 안치하니 부모님과 함께 사는 것 같아 행복하다. 부모님처럼 소박한 삶을 추구하니 항상 마음이 부자다. 출퇴근할 때 맷돌과 무언의 인사를 한다. 맷돌을 바라보노라면 '욱'하는 급한 성격이 가라앉으며 차분해진다. 그러니 맷돌은 나에게 정신 수양을 시켜주는 스승인 셈이다. 이사를 할 때마다 맷돌도 함께 이사를 했다. 어느 날부터 집에 들어오면 뭔가 허전한 기분이 들었다. 알 수없는 느낌이었다. 유심히 맷돌을 바라보니 어처구니가 보이지 않았다. 찾느라 난리법석을 떨었다. 어처구니가 발이 달렸는지 신장에서 찾았다. 어이가 없었다. 당장 맷돌에 끼워 놓으니 허전함이 사라졌다. 제자리에 있어야 할 존재를 일깨워준 일대 사건이었다.

아버지가 마련하시고 어머니가 보관하다 전해주신 고귀한 맷돌을 가보로 소중히 간직해 왔다. 우리 집 수호신이다. 우리 집엔 변변한 가훈이 없었다. 곰곰이 생각하니 '맷돌 인생'보다 더 훌륭한 가훈이 없었다. 그날부터 '맷돌인생'을 나의 좌우명과 가훈으로 정하였다.

아, 맷돌인생— 고지식한 원칙주의자로서의 맷돌, 협업과 정신수양으로서의 맷돌, 또한 나의 유일한 가보인 맷돌, 그 맷돌에게 감사한다.

# 5장

# 블랙홀

조한금
banescho@hanmail.net

우리 집 '탱이'의 방은 블랙홀이다. 창문의 빛을 모두 차단한 이십여 평 남짓한 공간엔 많은 유형물들이 빽빽이 들어차 있다. 어떤 물건이든 그 공간에 갇히기만 하면 어디론가 빨려 들어가 처음부터 그 자리에 있었던 듯 감쪽같고 천연스럽다.

대낮에도 불을 켜야만 하는 그 방엔 신혼 때부터 수집해온 고전음반 4천여 장이 책장에 나란히 세워졌고 영화 백년사의 비디오테이프 5천여 개도 벽면에 짜 맞춘 책꽂이에 가지런히 꽂혀 천장까지 닿아있다. 날마다 꺼냈다 넣었다를 반복하면서 장르별로 연도별로 감독과 배우별로 구분해 일목요연하게 도서관 사서처럼 정리해 놓은 것이다. 그뿐 아니다. 해외여행 때마다 방문한 나라들에서 들여온 기념 소품들은 유리 진열장 안에 나라별로 분리해 넣었고, 심지어는 투숙했던 호텔이름이 있는 샴푸나 비누샘플까지도 다녀온 나라의 족적이라며 진열장 위에 줄 세워 놓았다.

반대편 벽면엔 각국의 노점에서 사온 무명화가들의 1, 2호 또는 5, 6호의 그림들을 별 간격 없이 걸었으니 마치 작은 갤러리의 전시회를 방불케 한다. 이만하면 개인 박물관이라 해도 손색없을 만큼 물건들로 넘쳐난다. 한 사람이 살아온 역사요 삶의 발자취다. 하긴 귀촌의 사유가 개인박물관의 꿈으로부터 시작되었으니 무엇인들 버리고 싶었겠는가.

우린 평소 붙임성이 적고 낯가림이 심한 편이지만 그럼에도 불구하고 무연고지에 찾아든 까닭은 중부권이라 사방이 2시간 반경 안에 있어 어느 도시로든 금방 통할 수 있는 교통편의의 입지를 감안해 자릴 잡은 것이다. 어차피 낯선 이들이 방문할 개인박물관 건립이 목표였으므로.

20여 년 전, 대학교 졸업을 미루고 콜롬비아의 보고타로 어학연수 떠났던 막내딸의 귀국 일정에 맞춰 나는 23일간의 남미 여행상품을 골라 마중을 나갔다. 아이와는 페루에서 합류하기로 하고. 당장 보조 가이드가 되어준 딸아이의 스페인어 통역으로 페루의 '이레나' 개인박물관을 찾아들었을 때, 일본인이 수집한 온갖 다양한 품목의 그 방대한 양에 놀라 입이 다물어지지 않았었다. 그때 우리 집의 물품들을 떠올렸다.

탱이는 돈만 빼곤 무엇이든 다 모은다. 심지어 어린 손녀들이 어버이날 써 준 카드며 가지고 놀았던 인형까지도. 그리고 유행 지난 내 핸드백도 못 버리게 한다. 유행과 시대를 알 수 있는 사료가 된다나. 하긴 그 모아 두는 습관 때문에 1980년 5·18민주화운동 때의 그의 취재수첩과 그 기간 따로 썼던 내 일기장이 한꺼번에 세계 유네스코 기록유산으로 등재되었으니 그 못 버리는 습성이 크게 빛을 본 셈이긴 하다.

그의 이 같은 수집벽은 아무리 채워도 채워지지 않는 밑 빠진 독 같은, '허한 데서' 비롯되었고, 그 욕심의 실체는 '사랑 고픔'에서였다는 내 나름의 판단이다. 그의 안 어딘가에는 아직도 자라지 않은 아이가 살고 있다. 여섯 살 난 내면아이, 그 천진한 아이는 성장이 멈춘 채 상실의 빈 마음을 온갖 유형물로 채우고 또 채우는 수집벽으로 이어진 것임에 다름 아니리라.

그는 아홉 권의 시집을 냈지만 '처음이자 마지막'이라는 부제의 산문집, 50년 동안 여기저기 기고한 글모음에 수록된 『겨울나무가 던지는 그림자』의 자전적 꽁트 『전학』을 읽어보면 그의 이 같은 허(虛)증은 부모로부터 비롯되었음을 간과할 수 없다.

대여섯 살 적의 어느 날, S시의 집 근처 냇물에서 유리병 안에 피라미며 새우를 잡아넣으면서 혼자 놀고 있을 때, 보퉁이를 이고 어린 여동생 둘과 함께 버스 승강장을 향해 가는 엄마의 뒷모습을 발견한다. 순간, 모든 걸 다 팽개치고 재빨리 엄마에게로 뛰어간다. 엄마는 금방 돌아올 거라면서 그동안 사탕 사먹고 놀고 있으라며 돈 몇 푼을 손에 쥐어주며 달랜다. 허나 아이는 막무가내, 같이 가겠다고 울며 매달린다. 때맞춰 버스가 도착하자 엄마는 동생들만 데리고 버스에 오르고 차장은 아이를 밀쳐낸다. 울면서 버스 뒤를 쫓던 아이는 제풀에 지쳤다. 허나 지난 밤 내내 아버지의 여자문제로 심하게 다툰 엄마의 시위란 걸 알 턱이 없다.

병든 시아버지를 두고 친정으로 갔다는 괘씸죄를 적용, 아버지는 엄마와의 가정을 깼고, 아이는 아버지의 직장이 있는 M시로 따라가 아버지의 여자와 함께 산다. 해가 바뀌고 손주를 끔찍이 귀애하시던 할아버지가 지병으로 세상을 뜨자 그때 잠시 엄마가 보였지만 아이는 이미 생모가 낯설었다.

남편과 아들을 시앗에게 빼앗긴 후 아들이 그리운 엄마는, 초등학교 2학년의 하교길목에서 다른 이를 시켜 소년을 데려오게 하여 자신이 살고 있는 H지방으로 데려간다. 소년은 마치 유괴되어 가는 것 같은 위기감으로 사람 살리라고 소리를 지르고, 그 광경을 때마침 그곳을 지나던 아버지의 직장 사환 아이가 목격하고 아버지께 보고 한다. 아버지는 곧바로 생모가 사는 H지방으로 쓰리쿼터를 타고 소년을 찾으러 가고, 마침 한약을 달여 아버지께 가지고 나왔던 양모(養母)가 그 소식을 듣고 신작로를 장시간 걸어 마중을 나온다. 다 저녁때가 되어서야 부자가 탄 차를 만나고 부자는 양모의 그 정성에 감동한다. 그는 소년기의 전 과정을 『전학』에서 이렇게 상세히 그려놓고 있다.

사춘기를 지나면서 생모에 대한 극도의 반감은 적개심이 되어 소리 안 나는 총으로 쏴 죽이고 싶다는 심경을 1959년 대학교 입학 직후 전교생 교내 문학 콩쿨에서 토로한다. 마치 홍경래 난 때 투항한 조부를 조롱한 글로 장원급제를 한 김삿갓(병연)을 떠올리게 한다. 소년은 성장하면서 말수가 적은 내성적인 청년이 되어 강의가 없는 날은 음악다방의 구석자리에 앉아 종일 흐노니 클래식음악에 빠져 시간을 보낸다.

아버지가 공직에서 물러나고 가세가 점점 기울자 양모는 아들의 만류에도 불구하고 어느 날 말없이 홀연히 사라진다. 아들은 또 한 번의 상처를 입는다. 아버지는 빈 몸으로 20년을 나 몰라라 했던 조강지처와 다시 합친다. 그러나 아들은 여섯 살 이후로 단 한 번도 생모를 엄마, 어머니라 부르지 않았다. 어머니는 그런 아들이 못내 서운했지만 아들의 상처를 끝내 어루만져주지 못한 채 세월은 그렇게 섬서한 모자 사이를 비껴갔다. 결국 모친은 노후를 아들에게 의탁하다 돌아가셨지만 성장이 멈춰버린 여섯 살 내면아이는 지금도 분리공포증과 조급증 그 트라우마에 시달리며 내가 잠시 외출하는 분리조차도 싫어하고 못견뎌 한다.

내가 아직 인천에 있던 어느 해, 어머니의 제사를 시골에서 혼자 호젓이 지내겠다며 전화로 음식 만드는 법을 물어왔다. 다 늙어서 손수 마련한 음식 몇 가지 젯상에 올려놓고, 그 앞에서 어머니께 잔 부어 올리고 비로소 영혼과 마주 앉아 모자가 대화하며 그 퇴주를 마셨을 터이니 이제 그것으로 화해는 되었으리라.

몸피만 늙어버린 내면아이, 이젠 그 오랜 헛헛증으로부터 탈출해야 한다. 여태도 가슴은 허핍해서 아무것도 아무에게도 심지어 자식에게 마저도 나눠줄 수 없는 고픈 욕심과 갈증뿐인 사랑, 채우고 또 채워도 채워지지 않은 허기, 그 집착의 끝은 어디일까? 그것은 아마도 비워내는 것만이 비책일 것이다.

영원히 못 빠져나오는 블랙홀은 없다고 한다. 그가 수집한 모든 자료들 또한 누군가에 의해 개인박물관이 되기를, 그리하여 모든 이가 그 다양한 문화를 공유하면서 기꺼워하기를 희망한다. 채우려는 빈자(貧者)보다 비우려는 부자의 여유로 마치 잎새를 다 떨궈버린 겨울나무의 홀가분함이 탱이의 얼마 남지 않은 여생이기를.

"우주가 당신 한 사람으로 축소되어 있습니다."고 고백했던 청년의 그 아픈 유년기와 청년기를 보듬어 산 세월이 어언 반세기가 되었지만 아직도 자식들에게 넉넉한 품을 내주지 못한 그의 결핍이 늘 짠하고 안쓰럽기만 하다.

그는 하루를 3등분하여, 내가 가는 텃밭, 내가 서 있는 부엌, 그리고는 컴퓨터 앞이라며 자기랑은 언제 놀아줄 거냐고 웃으며 장난스레 시샘하는, 이 노인아이 영감탱이를 보면서 어이없어 실소로 화답하는 할망구로 살고 있다.

# 비 오는 날

조순배
sun-bea@hanmail.net

비 오는 창밖을 바라보며 어디를 가고 싶은데 하는 생각을 한다. 그때 전화가 온다. 존경하는 작가의 사진전시회가 있다며 함께 가자는 친구의 목소리다.

집을 나서는 발걸음이 날아갈 듯 가볍다. 아스팔트 위 낮은 웅덩이에 그려지는 둥근 빗방울무늬가 내 마음 같다. 지하철 입구에서 기다리던 친구는 밝게 웃으며 나를 부른다. 앞서서 갤러리를 찾던 친구는 한 시간 넘게 전시장을 찾지 못하고 헤맨다. 조금 전까지 밝았던 기분이 조금씩 어두워가고 은근히 그의 뒷모습이 미워져갈 때 구석진 곳에 있는 건물을 찾는다.

삐거덕거리는 나무 층층대를 조심스럽게 걸어 지하로 내려서니 밝지 않은 좁은 공간에 무채색의 대형 사진이 눈앞에 서 있다. 멈칫 뒤로 물러섰다가 천천히 전시실을 둘러본다. 전시실은 텅 비어 있었다. 흰색, 밝은 회색에서 점점 짙어지는 회색, 검은빛으로만 표현된 작품들 안에 한 남자가 조그맣게 서 있다. 나는 사진속의 남자를 바라본다. 대형 건물 앞에 아주 작게 표현된 한 사람의 옆모습과 대형아파트가 빼곡하게 서 있는 거리에 뒷모습의 여인. 작품속의 배경은 비가 오거나 눈이 내리고 비가 그친 풍경과 눈이 쌓인 광장, 아니면 안개가 내린 대형 건물 앞의 도로변이 대부분이다. 작품속의 인물들은 모두 혼자다. 비어있는 듯한 공간에 회색빛 건물. 검은 옷을 입은 남자의 알 수 없는 표정. 비 오는 거리에 물방울이 유리창에 길게 그림을 그리며 떨어지고 그 물방울을 바라보는 뒷모습의 남자. 사진 속은 온통 비어 있는 것 같다. 동양화에서 말하는 여백인가? 갑자기 내 몸이 사진 속으로 빨려 들어가는 느낌을 갖는다. 그 희뿌연 공간속에 옆모습으로 서 있거나 걷는 모습의 여인이 된다. 밖에는 비가 내려 회색빛이고 작품속의 대형건물들은 텅 빈 공간에 회색빛으로 서 있다. 작품 밑에 아주 조그맣게 적혀있는 제목은 '무제'였다.

작품 속의 주인공이 궁금해진 나는 친구에게 작가를 만나본 적이 있는지 물어본다. 작품만 보았지 만나본 적은 없다고 하며 다른 작품들도 비슷하다고 말한다. 전시장 안을 돌아보고 또 돌아보는 친구를 향해 "이 작품들과 비슷하게 찍을 수 있어?" "아니! 보이는 것도 마음에 들게 찍기 힘든데 보이지 않는 저 세계를 어찌 흉내 낼 수 있을까?" 하지만 "나도 언젠가는…." 하며 웃는다.

방문자명단에 이름을 적고 돌아설 때까지 전시실에는 들어서는 사람도 주인도 없다. 문득 작가가 사진 속에 들어 앉아 바라보고 있는 것 같은 섬뜩한 느낌이 들어 다시 한 번 사진 속의 남자를 돌아본다. 안개 속에서 흔들리는 바람소리를 들은 것 같기도 하고 작가와 많은 이야기를 주고받은 것 같기도 하다.

갤러리를 나서니 여전히 비가 내리고 있다. 친구는 헤어지기가 섭섭한지 근처에 있는 한옥마을에 가자고 한다. 옛날 사대부들이 살았던 집을 옮겨와 복원했다는 기와집들이 빗물에 씻기어 정갈한 모습으로 앉아있다. 비 때문인지 마을은 텅 비어 있고 우산을 받쳐 든 몇 명의 사람들이 바삐 걷고 있다. 누각에는 노인 한 분이 비둘기와 참새랑 놀고 있다. 모이를 이쪽저쪽으로 던지며 몰려다니는 새들을 표정 없이 바라본다. 노인의 모습도 정자 안의 분위기도 회색이다. 연못의 물빛도 잿빛이고 시들어가는 연잎도 어두워 보인다. 온통 무채색이다. 땅도 연못도 노인도 기와집의 추녀도 정자안의 마루도… 조금 전에 보고 온 작품들을 이곳에서 다시 만나고 있는 느낌이다. 그런데 나에게 전해오는 느낌이 갤러리에서 보고 온 작품과는 다르게 따스하게 다가온다. 정자안의 노인도 한옥마을의 깨끗하게 닦여진 마루와 기와 추녀에서 떨어지고 있는 물방울도 다 같은 무채색인데 서로 다르게 느껴지는 것은 무엇 때문일까?

빗줄기가 조금씩 잦아든다. 멀리 남산 타워를 운무가 감싸고 흐른다. 뾰족한 기둥만 남기고 남산도 타워도 회색빛으로 덮인다. 회색빛 거울 앞에 서 있던 한 남자의 모습이 떠오른다. 한옥마을에서 바라본 남산타워와 남산을 덮고 흐르는 운무, 빗물에 젖은 기와집의 회색 지붕. 조금 전에 보고 온 작품들과 연결 시켜본다. 건물이나 사물, 작품 또한 그것을 바라보는 마음에 따라 다르게 느껴지는 것은 아닐는지. 작가가 말하고 싶어 하고 나타내려 했던 것은 어떤 것일까?

머릿속으로 그 작품들을 떠올리며 말없이 셔터를 눌러대는 친구를 바라본다. 그녀는 지금 어떤 생각을 하고 있을까? 한옥마을을 뒤로한다.

# 3월과 4월 그리고 5월 이후

- 경계지대에서의 상념 -

지 오

gochon@korea.ac.kr

매년 오가던 날이건만 금년 3월 31일은 내게 유별나게 다가온다. 내 삶의 본경기가 종료되고 연장경기가 부여되는 절박한 순간이다. 나는 그 고난의 경계지대를 통과하면서 많은 깊은 상념에 잠기곤 했다. 쓰나미처럼 밀려오는 지난날의 애환과 불확실한 미래의 설렘으로 긴긴 밤을 지새웠다. 곧 나는 혼수상태에서 벗어났다. 광명의 빛이 찬란하다. 갈망하던 자유인이 되었다. 이번만은 진정한 자유인이 되고 싶다.

나의 공직생활은 임기 마지막 날 정부투자기관 연구원의 정기이사회로 대단원의 막을 내렸다. 이사장이 주선한 송별만찬을 마치고 귀가하니, 섬세한 여성원장께서 보낸 화사한 난이 온 집안에 봄의 향기를 물씬 풍겨주고 있다. 은행원, 공인회계사, 교수, 연구원 임원으로 이어지는 지난 50년의 여정이 섬광처럼 스쳐간다. 무엇보다도 함께 일 해온 많은 상사, 동료, 직원들로부터 누린 무한한 애정에 가슴이 뭉클하다. 성원과 빚을 다 갚아야 할 텐데….

만화방창 백화가 천지를 뒤덮는 희망과 축복의 계절이다. 한데 잔인한 달 4월이 나를 엄습했다. 지난 일 년여 동안 살펴오던 건강에 사형선고가 내렸다. 병원에서는 2박 3일의 입원 조직검사 2주 후 바로 수술일정을 통보한다. 5월 이후 6개월은 요양을 해야 한단다. 이를 일러 청천벽력이라 하던가. 흔들리는 대들보에 온 집안이 실의에 빠져들었다.

로봇수술이란 말만 들어도 소름이 끼친다. 현대의술을 믿을 수밖에 도리가 없다. 언제나 음산한 수술실에는 새벽부터 진을 치고 수술환자가 줄을 선다. 로봇수술대에 들어가면서 나는 용기를 내어 의도적으로 눈을 크게 떴다. 그 위대한 명의 로봇기사를 보고 싶어서. 과연 SF영화의 한 장면이다. 10여 개의 팔에 칼을 위로 뻗쳐 들고 눈을 부라리고 근엄하게 앉아있다. 마치 '네 죄를 네가 알렸다.'라고 단죄라도 할 듯 기세도 등등하다.

나는 이번 일을 계기로 인간의 수명에 관해서 심각하게 천착해 보았다. 장수, 과연 축복인가. 건강수명은 축복이나, 연명수명은 저주일 수도 있겠다. 장명인이 아니라 장수인일 때만이 축복이다. 해서, 의사의 말만 믿고 언제 죽느냐하는 목숨이 붙어있는 날짜만 헤아리기보다는 하루라도 건강하고 보람 있게 더 오래 살기 위해 스스로 심신을 다스릴 수밖에 없다.

인간은 언제까지 살 수 있을까. 명리학에서는 인간의 수명을 120

세로 본다. 이는 사주 중 월주(月柱)가 12지지(地支) 따라 10회 회전하는 것으로 본 것이다. 한국인의 평균수명은 남자 77.95세, 여자 84.64세이다.[1] 현재 기준으로 나는 평균수명에 조금 못 미친다. 하나 아쉬워할 것 없다. 연장기간이 주어질 테니. 삶의 총량은 본 경기와 연장전의 총화이다. 그럼 누가 얼마만큼을 연장해 준다는 말인가. 창조주 또는 하느님이라고 하자. 지금 브라질에서 한창 지구촌을 뜨겁게 달구고 있는 축구경기에 비유해보면(bench marking), 최장 25년(본 경기의 1/3)까지 일 것 같다. 하나 연장전의 적용규칙이 다양하다. 급사(sudden death), 시간기준(30분)에, 또 무승부인 경우 승부차기(penalty shootout)… 오로지 각자의 선행과 공적에 대한 명부(冥府)의 사자가 내리는 평가와 행운에 의지할 수밖에 도리가 없다. 행운은 과연 누가 통제하는가. 그리스신화나 로마신화에서 조차 행운은 신(神) 위에 존치하지 않았던가. 하나님(창조주)의 뜻이 인간사의 시련과 축복을 통제한다는 것은 신앙적 표현이다. 하나 현대의학과 인간의 의지는 행운을 통제하고 신의 영역까지 극복하면서 인간승리를 구가하고 있음을 본다. 중요한 것은 건강수명(71.0)이다. 평균수명(81.44)이 늘면서 질병을 갖고 사는 기간(10.44) 또한 는다. 이 기간을 건강수명으로 전환하지 않는 한 장수는 축복일 수 없겠다.

금년이 왜 내게 이처럼 혹독할까? 나의 대운은 6이다. 해서 을유(乙酉)에서 병술(丙戌)로, 목(木)에서 화(火)의 운세로 바뀌는 직전 년도이다. 철이나 계절 운세 등이 바뀔 때는 성장통을 겪게 마련이다. 한데 내가 방심한 것은 자칭 행운아라는 자부심에서 자신을 너무 믿었던 게다. 나의 삶을 남들이 쉽게 성공한 삶이라고 평가를 내린다. 과연 내게 성공을 거둘만한 어떤 힘이나 능력이 있었던가. 조그마한 성공이라도 있었다면 그 원천은 오로지 가난의 마력에서 비롯된다. 모든 육체적 정신적 상처의 치유는 오로지 세월이라는 만병통치의 약 덕분이다. 기다림의 미학이다.

인간은 자기의 약점이 보완되고 보상받기를 바란다. 나의 제1인생은 생존에 허덕이는 주곡(主穀)위주 영농법에의 몰입이었다. 오로지 하나의 길 밖에 보이지 않았다. 되돌아보니 공부벌레(a greasy grind)[2]에서 일중독자(일벌레 workaholic)로 끝난 기억밖에 남는 것이 없다. 조금은 억울하고 원통하며 후회스럽다. 이제야 피안으로의 환승을 기다리며 경계지대에서 신음하는 중환자실 환자들의 분노와 울분을 조금은 이해할 것 같다. 단지 죽음이라는 불확실성에 대한 두려움이나 이별에 대한 서러움만이 아닌 것 같다. 이승에서의 억압된 삶에 대한 통분의 분출인 성싶다.

나의 제2인생은 출발이 너무 늦었다. 이것은 어머니에 대한 약속 파기의 구실이 되었고 내게는 돌이킬 수 없는 회한으로 남는다.[3] 나는 재직 시 퇴직 후 고향에서 어머니와 같이 살기로 굳게 약속한 바 있다. 그러나 93세까지 기다려주신 어머니를 서울에서 이별하는 천추의 한을 남겼다.

이제는 진정 자유인이고 싶다. 앤디 듀프레인(Andy Dufresne: 팀 로빈슨 분 'Shawshank Redemption'의 주연)이 멕시코만 태평양에서 유유히 낚시를 즐기듯이 유유자적(悠悠自適) 풍유를 즐기며….[4] 태생적, 사회적, 관습적 모든 굴레에서 벗어나 장수시대의 제2인생을 유감

없이 가꾸어 보고 싶을 뿐이다. 자유롭게 하고 싶은 일을 하는 것이다. 제1인생과는 미련 없이 결별하고, 제2인생에 충실해 본다. 문학, 음악, 서예 등 옛 것을 통하여 성현들의 지혜를 되새기며 그들의 숨결에 젖어든다. 다양한 비전공분야를 접하여 정서를 함양하고, 쉼표도 마침표도 없이 앞만 보고 달려온 지친 심신도 위무했으면 한다. 한데, 제2인생 성공의 요건(key word)이 돈, 시간, 친구, 취미생활, 건강의 5가지 풍요[5]라 하니 역시 경제적 제약은 감내해야 할 터이다. 또한 이것저것 장기(臟器)를 헌신짝 버리듯 떼어버리고도 건강이 뒷받침 될지도 의문스럽다. 과욕일랑 버리고 능력 범위 내에서 분수에 맞게 차근차근 자유를 만끽하리라. 후손들이 영원히 살아가야할 한순간 쉬어가는 아름다운 세상이 아닌가. 육체가 여한 없이 미소 지며 떠난 빈자리에는 안식과 영기(靈氣)로 충만한 영혼이 시공을 초월한 영생의 꽃을 피우리라.

[1] 2012년 통계청보고서

[2] 친구가 붙여준 별명

[3] 2005. 2. 28: 모교 정년퇴임
2007. 3. 1~2009. 2. 28: 타 대학의 총장으로 초빙됨
2010 4. 1~2014. 3. 31: 정부투자기관 연구원 임원

[4] 이 영화의 주제는 탈출과 자유이나 '검은돈 세탁'을 통한 사회의 부정과 비리의 고발이라는 숨은 주제를 깔고 종교와 자본주의에 대한 구원의 문제까지 시사한다.

[5] 松木康夫 저, 金衡泰 역, 『일본인의 장수비결』 집영출판사, 1997.

# 나 무

정상복
j0sb1221@naver.com

나무는 뿌리내린 곳에서 한 치도 벗어나지 못한 채 생명의 씨앗을 싹 틔운 그 자리에서 생명을 마친다. 하지만 살아있는 동안에는 쉼 없이 생명활동을 한다. 뿌리에서는 흙속에서 녹아 있는 물과 무기양분을 빨아올리고, 잎에서는 햇빛과 공기(이산화탄소)를 흡수하여 광합성작용을 통한 물질(에너지)을 생산한다. 잎에서 생산된 물질은 나무의 각 부위에 전달되어 생육(生育)과 생장(生長)의 동력으로 쓴다. 그리고 유년기, 성장기, 성숙기에 이르러 꽃이 핀다. 꽃은 수정의 과정을 거쳐 열매를 맺고 성숙(成熟)시켜, 대를 이어줄 생명의 씨앗을 탄생시킨다. 온갖 만물이 그렇듯, 노화기에 이르러 물질생산의 기능과 작용이 쇠퇴하게 되면 죽음에 이르게 된다. 이 같은 부류를 통칭하여 우리는 식물(植物)이라고 한다. 반면에 태어난 자리에서 움직이지 못한 채 활동 에너지원인 먹이를 섭취하지 못하면 생명을 유지할 수 없는 부류를 동물(動物)이라고 분류하고 있다.

식물의 부류에는 단 일 년도 살지 못하는 일년생 화초부터 천 년을 넘게 생명을 유지하며 생명활동을 하는 나무들도 있다. 자연 생태계에서 식물은 생명활동의 원천인 물질에너지의 생산자이다. 반면 동물은 자신의 몸속에서 활동에너지를 생산할 수 있는 기능이 없다. 기른 곡식과 열매를 채취해서 먹이를 섭취하거나 가축을 기르거나 사냥을 해서 잡아먹는 방법이 삶의 유일한 방식이다. 자연 생태계에서 식물은 물질에너지의 생산자인 반면 동물은 물질에너지의 소비자인 셈이다. 때문에 식물과 동물의 그 활동영역이 다르고, 생명을 유지하는 방식과 방법이 다르다. 하지만 넓은 의미해서 광대무변한 우주의 일부인 태양계의 지구라는 행성(行星)의 생명체인 동물과 식물로 태어나 비록 삶을 영위하는 방식이 다를지언정 상호 의존적인 관계임이 분명하다.

이 지구상에 한 생명체가 아무리 많다하더라도 보전과 보호가 없이 지속적인 훼손과 소비가 이루어진다면 그 생명체는 소멸되어 이 지구상에서 사라지게 될 것이다. 먹이사슬에서 동물이 식물보다 우위에 있다고 하나 무작정 소비만 해서는 안 되는 이유이다. 그로 인해서 자연계의 물질순환 법칙이 파괴되어 인간을 비롯한 동물들도 치명적인 쇠락의 길로 들어설 것이 자명하기 때문이다. 최근에 화두처럼 '자연보호'라는 말이 자주 거론되는 것은 우리 인간이 자신을 보호하는 자구책은 아닌지 모르겠다.

생명체는 움직이게 되면 에너지를 소비하게 된다. 그 운동량에 따라 에너지의 소비량이 더 많다. 격한 운동 후에 숨을 헐떡이며 몰아쉬는 것과 같이 동물은 태생적으로 활동을 해야만 삶을 유지할 수 있기 때문에 에너지의 소비량이 많다. 더구나 식물과 같이 자신의 몸에서 물질을 생산할 수 있는 기능이 없기 때문에 자신의 몸 밖에서 에너지원을 섭취할 수밖에 없다. 해서, 품성(稟性)에 있어서도 동물은 공격적이며 잔인하기까지 하는 섭리를 지니고 있다.

이에 반해 식물은 광대무변하며, 그 품이 넓고 해악(害惡)을 모른다. 우리 인간이 자연의 품속에 노닐 때 평온하고 편안하게 느끼는 것은 이 때문이 아닌지 모르겠다. 나는 가끔 바람결에 이파리와 가지를 흔들며 무심히 서 있는 나무를 바라보며, 나무가 우리에게 주는 것이 무엇인지에 대해서 생각하기도 한다. 식물의 개체들이 모여 군락을 이루어 호흡활동을 하는 동안에 맑은 공기(산소)를 제공하고, 춘하추동 그들이 이루어낸 아름다운 풍경을 통해서 은연중에 미적인 감각과 여유로운 품성을 갖게 하며, 우리 인간들이 의·식·주에 필요한 아낌없이 열매와 목재 등 물자(物資)를 내어준다. 때로는 물을 품어 서서히 흘려주기도, 세찬 홍수와 태풍과 가뭄에 방패막이가 되어 재해를 막아주며, 자연이 우리 인간들에게 내어주는 혜택은 무한에 가깝다.

맹자(孟子)에 이런 구절이 있다. '우산(牛山)의 나무가 일찍이 아름다웠는데, 대국의 교외에 있기 때문에 사람들이 도끼와 자귀가 늘 나무를 베어내니 아름답게 될 수 있겠는가. 낮과 밤에 자라는 것과 비와 이슬이 적셔줌에 싹이 나오는 것이 없지 않건마는 사람들에 의해 소와 양이 방목된다. 이 때문에 민둥산이 되었다. 사람들은 민둥산만 보고는 우산에 일찍이 좋은 나무가 있지 않았다고 하니, 어찌 이것이 산의 본성이겠는가.(牛山之木이 嘗美矣러니 以其郊於大國也라 斧斤이 伐之어니 可以爲美乎아 是其日夜之所息과 雨露之所潤에 非無萌蘖之生焉이언마는 牛羊이 又從而牧之라 是以로 若彼濯濯也하니 人이 見其濯濯

也하고 以爲未嘗有在焉이라하니 此豈山之性也哉리오.)'

다행한 일이다. 요즘 들어서 우리의 산에는 제법 나무가 울창하게 들어차 있다. 내 어렸을 적에는 인가 근처에 산에 나무가 없어서 벌거숭이 민둥산이 많았다. 추운 겨울을 나기 위해서 낙엽을 갈퀴로 모으고, 나무의 줄기를 톱과 도끼로 찍어내어 집으로 가져와 땔감 만들기에 여념이 없었다. 때문에 온 산이 민둥산이 될 수밖에…. 지금은 도시뿐만 아니라 농촌에서도 난방을 석유나 휘발유 등의 기름보일러를 쓰고 있다. 또한 집을 지을 목재나 종이를 외국에서 수입해서 쓰는 경우가 대부분이다. 그 덕분에 우리의 산에는 나무가 제법 울창하다.

그러나 한 발자국만 더 나아가 생각하면, 자연생태계의 파괴의 조짐이 보여 암울하기 짝이 없다. 개발이란 미명아래 지구촌의 허파와 같은 동남아의 열대우림과 아마존의 열대림이 잘려나가고 있다. 화석연료의 남용으로 이산화탄소가 집적되어 기후온난화가 가속화되고, 북극의 얼음이 녹아 해수면이 상승되고 있다. 지구촌의 온도가 높아지는 이상기후 징후가 가속화되고 있다. 지구촌 곳곳의 울창한 숲들이 베어진다면 지구촌의 삭막한 사막화현상이 더 늘어나게 될 것이며, 사람마저 살 수 없는 세상이 될 것이다. 생태학자들은 이러한 지구의 앞날을 경고하고 있다.

지구의 생성시기에 비추어 인간의 출현은 그리 오래되지 않았다. 이 지구촌의 삶이 인간중심의 삶으로 변화되면서 다른 생명체의 생명을 경시하는 경향이 짙게 나타나고 있다. 자연생태계에서 동물이든지 식물이든지간에 극상(極上)을 이룬 종(種)은 멸망하여 이 지구상에서 사라지게 된, 과거의 사실을 우리는 잊고 살지 않은지 모르겠다. 자신만의 편안하고 편리한 삶이 타인에게 소외감과 열등감을 심어 주고, 그로 인해 그 자신에게 돌아 온 사실이 우리 지구촌 사회의 곳곳에서 표출되고 있지 않은가. 이유 없는 증오의 테러와 전쟁, 부를 추구하는 치열한 경쟁, 오늘날의 사회를 보면서 우리 인간의 삶이 부의 축적과 안락함만이 아닌 안빈낙도(安貧樂道)의 삶이 더 행복을 주지 않을까 라는 생각을 하기도 한다.

'나무는 살아 천 년, 죽어 천 년을 지킨다'는 말처럼 유구한 세월동안 이 지구상을 지키고 살아왔다. 생물학적인 다양성도 매우 넓다. 그 크기만도 키가 150m에 이르고, 그 밑둥치가 20m이상이 되는 나무도 있다. 아무리 고래가 동물 중에 크다고 한들, 큰 나무에 비할 수 있겠는가. 더욱이 우리 인간의 유전학적 수명이 150년을 넘지 못한다고 한다. 그러나 인간들은 요즘 들어서 천 년을 더 살 것처럼 자신들의 욕망을 절제하지 못하고 소비와 파괴를 서슴없이 저지르며 살고 있는 듯하다.

물론 우리 인간은 언어와 문자를 통해서 의사를 전달하고 기록할 수 있으며, 사고(思考)할 수 있으며 자신을 성찰하는 존재이며, 기술과 문명을 창조하고, 아름다움을 느낄 수 있는 예술적인 감각과 심미적인 심상이 뛰어난 존재임에 틀림이 없다. 때문에 우리 인간들이 소비욕망을 줄이고 다른 생명체를 허투루 여기지 않으며 상호·공존할 수 있는 길을 찾아야 한다. 그 조화로움 속에서 하늘과 땅과 자연 만물이 상생하며 살아가는 지구촌의 삶이 더 바람직한 것이 아니겠는가.

나무는 자연생태계의 물질생산 에너지의 법칙에 따른다면, 만물의 영장이라는 인간보다도 훨씬 더 상위의 생산자의 위치에 있다.

춘하추동 계절의 변화함에 따라 때로는 신록의 푸름으로, 때로는 단풍의 아름다움으로, 때로는 나목의 소소함으로 우리 인간에게 지친 마음을 위로하고, 온갖 물자를 내어준다. 그리고 늘 바람결에 살랑이며 의연하게 말없이 서 있다.

해서, 나는 나무의 아낌없이 내어주는 그 품성을 닮고 싶다. 태어난 자리를 지키면서 변함없는 그 지고지순한 자태에 찬사를 보내고 싶다. 그리고 영원히 함께하는 공존의 삶을 꿈꾸며, 삶을 다하는 날까지 함께 살고 싶다.

# ‘자인’에게 가는 길

채순애
achim55@hanmail.net

아, 시간이 참 더디 간다. 일하는 틈틈이 시계를 확인하는 나를 보더니 드디어 동생 채원장이 이제 그만 퇴근하라고 한다. 기다렸다는 듯이 나는 한의원을 나섰다. 어느 길을 선택해야 빨리 갈 수 있을까를 이미 검색하였기에 망설임 없이 버스를 탔다. 이제 두 번 더 환승하면 그곳에 도착할 것이다. 버스 안에서도 여전히 시간은 더디게 흐른다. 전철을 기다릴 때는 가만히 서 있질 못 하고 나도 모르게 서성거렸다.

나이 든 사람의 이런 모습이 혹 가벼워 보이지는 않을까 스스로를 나무라다가 아까부터 뛰는 가슴에 손을 대고 지그시 눌러 보았다. 진정되지 않는 팔딱거림이 손끝으로 전해져 온다. 오, 이건 뭐지? 두근거리면서도 뭔가 그득하게 차오는 충만함. 스무 살 시절에 첫사랑 공군 아저씨를 면회하러 갈 때랑 비슷한 기분. 그렇다면 환갑도 훌쩍 지난 나에게 누가 이런 야릇한 전율을 느끼게 하는 걸까? 나는 빙그레 웃었다. 곧 만나게 될 손자의 모습이 떠올랐기 때문이다.

자인이라는 이름을 가진 아기, 이제 태어난 지 삼칠일 되는 녀석. 태어난 날 한 번, 그것도 짧은 순간 유리창을 사이에 두고 봤는데 그동안 얼마나 컸을까? 젖은 잘 먹는지, 잠은 잘 자는지 궁금하다. 가슴에 꼬옥 안아 따스한 볼을 만져보고 까만 눈동자를 가만히 오래도록 바라보고도 싶다.

나는 손주를 기다렸다. 결혼하고 3년 정도 지난 후엔 아들 내외에게 살짝 부담을 주기도 했다. 느닷없이 '오, 나의 소원은 OO' 하면서 노래도 불렀는데 아들은 손발이 오그라드는 시늉을 하고 며느리는 발그레한 얼굴을 제 남편의 등 뒤로 숨겼었다. 보약도 지어 보내고 언제부터인가 잠자리에 들 때는 '손주 태몽을 꾸게 해주세요'라며 맘속으로 빌기도 했다. 그러던 어느 날 밤에 신기하게도 삼십여 년 전에 내가 아들을 가졌을 때와 똑같은 꿈을 꾸었고 나는 그것이 틀림없는 태몽이라 확신했다. 그러나 작년에 아픈 일을 한 번 겪었기에 혹시나 이번에도 바람처럼 사라지면 어쩌나 걱정이 되었다. 내색도 하지 못 하고 아들네 눈치를 살피며 기다리던 시간은 홀로 조마조마하였는데 고맙게도 지난 늦가을에 반가운 소식을 듣게 된 것이다.

아이가 우리에게 오고 있는 동안 아들은 나에게서 아주 오래된 일기장을 한권 가져갔다. 자기가 태어나던 때의 엄마를 알고 싶다고 했다. 그리고 내가 결혼하면서부터 한해도 거르지 않고 써 놓았던 서른 권에 가까운 일기장을, 화재 속에서 살아남아 시커멓게 그을린 것을 앞으로도 갖고 가서 차근차근 읽어볼 거라고 했다. 깊이 묻어둔 세월과 사건을 아들이 꺼낸다는 사실에 나는 실로 난감하였다. 그러나 한편 그것이 에미의 삶을 이해하는데 도움이 되기를 하는 바람도 있었다.

배가 불러오자 며느리도 조심스럽고 차분하게 아기 맞을 준비를 했다. 어느 날 여전히 맑은 얼굴로 나에게 묻기를, "어머니, 많이 아파요?" 나는 대답했다.

"그럼, 많이 아프지. 새 생명 하나가 탄생하는데 어찌 안 아프겠니?"

"어머니, 겁이 나요."

"그래 겁이 나겠지만, 그 일은 사람이 하는 게 아니란다. 뭔가 엄청난 힘이 세상의 모든 엄마들로 하여금 하도록 돕는 거지. 너의 생에서 가장 행복한 고통의 순간과 눈앞의 기적을 직접 경험해 보렴. 나도 네 남편을 낳았을 때와는 다른 뭔가가 있을 것 같구나."

"어머니, 정말 그럴까요?"

"분명 그럴 거야. 우리 한번 기다려 보자. 내가 느끼는 것이 무엇인지 알게 되면 너에게 말해주마."

"네, 어머니."

며느리의 진통이 시작되었다는 소식을 듣고 나는 허둥거렸다. 사실은 내 어머니가 중요한 일 있을 때 하시던, 사발에 맑은 물 떠 놓고 하늘을 향해 두 손 모아 비는 거, 그 비슷한 거라도 하고 싶었다. 그리고 순산을 바라는 마음이 간절하다면 나도 함께 아파야 할 것 같았다. 그러나 아무것도 하지 못하고 연달아 커피만 몇 잔 마셨다. 한가족으로 만나기 위해 아이와 에미가 서로 혼신의 힘을 다했던 날, 내가 했던 일은 얼굴이 퉁퉁 붓고 눈에 핏발이 벌겋게 생긴 며느리의 등을 가만가만 쓰다듬어 주는 것이었다.

아이가 태어난 후 나와 아들 사이에는 작은 마찰이 있었다. 그것은 바로 이름 짓기 문제였다. 아들의 이름은 내가 순 한글로 지었으나 태어난 손자는 사주 풀이를 하여 좋다는 것으로 고르고 싶었다. 그런데 이 일에 아들은 내 뜻을 따르지 않았다. 어렸을 때 오로지 엄마의 웃는 얼굴을 보기 위해 공부를 열심히 했노라하던 착한 녀석은 이제 어른이 되어 확고한 자신의 생각을 설명하고 에미의 이해를 구했다.

대학 시절 실존주의 철학에 심취하였고 또한 그들의 사상이 자신의 정신세계를 지탱하고 에워싸고 있다고 하더니 그 기운을 앞으로도 계속 곁에 두고 살려나 부다. 아기의 이름도 자신의 철학 세계에서 따온 '존재'라는 의미의 독일 말 '자인'으로 지었으니. 고로 나는 믿는다. 자인이는 제 애비와 더불어 이름에 걸맞는 자각적 존재로 자라고 살아갈 것이라고. 또한 앞으로 내 몸에 젖은 모래처럼 슬픔이 달라붙을 때는 그 아이가 햇살이 되어 흔적도 없이 털어 내고 지워줄 것이라고.

손주가 태어나길 기다리며 나는 기도하는 맘으로 한 권의 책을 열심히 읽었다. 그것은 시인이신 어느 할머니가 중학교에 들어간 손주에게 1년 동안 하루도 빠짐없이 쓴 편지를 엮은 책이었다. 아이가 좀 자라면 '이런 글을 읽어 줘야지'라고 나는 생각했다. 여러모로 부족함이 많고 더 나이가 들면 하고픈 일의 종류도 줄어들겠지만 달빛 아래에서 혹은 별빛 아래에서 아이를 품에 안고 좋은 글귀를 조곤조곤 읽어줄 수는 있을 것 같다. 지난 날 아들과 딸에게 잘해 주지 못한 미안함에 사랑을 얹어서 새순 같은 아이랑 꽃 같은 시간을 보내고 싶다. 그리고 미안하다는 말은 아끼고 고맙다는 말로 대신하련다. 물론 며느리에게도.

이제 나는 진실로 감사와 기쁨의 노래를 부르고 싶다. 이것저것 가졌음에도 뭔가 허전했던 가슴의 빈자리를 아이가 채워 주었고 완성시켜 주었으니 더 이상 바랄 것이 없다.

아들의 처가가 가까워진다. 애쓰시는 사돈 두 분에게 깊은 감사의 인사를 드린 후에 자인이를 안아봐야지. 핏줄의 이어짐에 아마도 울컥하리라. 나 혼자만 손주가 생긴 것이 아닌데도 가슴이 다시 뛴다. 행복한 주책스러움을 진정하고자 오늘 아침에 우연히 접한 이 글귀를 조용조용 읽어본다. 이 글은 내가 언젠가 손주에게 읽어 줄, 할미의 첫 마음이 될 것이다.

> 세상의 훌륭한 것들과 만나라.
>
> 폭넓은 흥미를 갖고 추구한 지식이 깊어질수록 인생의 기쁨은 늘어난다.
>
> 인생을 잘 살아가는 비결은 이 세상의 굉장한 것들을 음미하는 기술에 있다.
>
> 인간에게는 자연계의 모든 요소가 들어 있다.
>
> 조물주가 인간을 그렇게 만든 것이다.
>
> 인간은 심미안을 높이고 지성을 키워 최선을 다해 이 세상의 모든 것을
>
> 충분히 음미하기 위해 노력해야 한다.
>
> \- 독일의 철학자인 쇼펜하우어의 「세상을 보는 지혜」에 실린 글.

# 틈새 시간에 감사한다

최 영 희
mustard7@hanmail.net

나 자신과의 만남이 힘든 요즈음 세상만사가 귀찮아질 때가 많다. 하늘을 우러러 한 점 부끄러움이 없기를 갈망하면서도 내 몸과 마음을 마음껏 풀 수 있는 위로 장소가 그리워질 때가 있다. 자신을 즐기는 그 시간이 영원한 나의 친구가 되길 희망하며 나를 달래본다.

요즈음 새벽에 일찍 일어나는 습관 때문인지 잠이 모자라서 낮에 졸리고 피곤한 때가 잦다. 저녁에 일찍 잠자리에 들려고 애써보지만 이 또한 여의치가 않다. 혼자만의 시간이 그리운 때도 있으나 피곤하고 지친 내 몸은 과거의 받았던 아픈 상처를 되새기며 또한 젊은 시절의 행복했던 순간을 상기하며 파노라마처럼 밀려오는 지난날의 추억에 대한 되새김으로 밤이 깊도록 잠을 이루지 못한다. 그 순간 기도하며 하늘을 우러러 찬송을 부르기 시작한다. 그때부터 편안한 잠에 빠진다.

세상은 날로 바빠지면서 부부의 소통도, 자녀들과의 대화도 쉽지 않다. 귀가 어두운 아버지를 위로하기 위해 가끔 자녀들이 힘든 시간을 내기도 하지만 나는 그의 통역관이 되어 주어야 하고 자녀들의 눈치 돌봄이가 되어야 하니 아쉽고 안타까울 때가 많다. 그러니 나만의 자유로운 시간은 주말에나 가능하다. 주말은 세상사를 피하고 싶어 조용히 편안한 마음으로 집에서 쉬려고 한다. 주말의 '가요무대'는 위로받고 공감 받는 시간으로 편안한 마음으로 그 시간을 기다린다. 흘러간 노래나 클래식도, 종합 예술의 합창도 함께 부르며 박수치면서 몸도 마음도 함께 춤을 춘다. 그 '틈새시간'의 즐거움이 그렇게 큰 위로와 활력이 된다.

주말에 역사 드라마, 역사 저널은 내가 그리워하는 친구인 양 반갑다. 나만의 시간이 주어진 듯 과거 현재 미래가 오버랩 된다. 초등학교 시절부터 역사 시간을 가장 즐겼고 신나는 시간이었다. 과거에 대한 아픈 추억은 흘러간 노래로 위로받고, 과거 추억의 그리움은 현재의 존재 의미를 새김질하며 다지면서 미래로의 희망을 갖게 한다. 그래서인지 이제까지 역사 드라마는 한 번도 놓친 적이 없다. 우리 주위에 역사의식이 있는 자가 많아질 때 우리나라의 미래도 든든해지며 소망이 비쳐오지 않을까 한다. 이러한 틈새 시간이 나의 영원의 길로 흘러간다면 내 영혼도 평안하지 않을까.

요즈음 딸들이 국내에서 역사적으로 소문난 곳이나 맛있는 음식으로 소문난 곳은 우리 부부를 위로 하려는 듯 동행해 준다. 특히 자연환경이 아름다운 곳이나 역사적 유물이 남아있는 곳은 무조건이다. 고마울 따름이다. 딸들은 각자 바쁜 나날을 보내고 있건만, 춘천 봉화마을, 파주 헤이리마을, 일산 행주산성 등 아빠 엄마가 즐길 수 있는 곳은, 딸들은 각자 바쁜 나날을 보내고 있건만 기회만 되면 우리를 안내한다. 그날이 오면 나는 차안에서 부르고 싶은 노래를 마음껏 부르면서 남편의 미소 듬뿍한 표정을 보며 그렇게 즐거울 수가 없다.

앞으로 걸어가야 할 남은 길, 자신감을 가지고 당당하게 걸어가고 있는 나의 환상, 걸림돌 아닌 받침돌이 되는 나의 모습을 그리며 부활 생명의 미소가 선물로 주어지는 나의 틈새시간. 오늘 하루도 최선을 다하며 살자고 자신과 다짐하는 시간 주심에 깊은 감사를 드린다.

# 니가 조탕게 나도 조타잉

하수옥
oksfkyg@naver.com

오목오목 예뻐서 아명이 오목이라 불리시던 시어머니. 반질반질 곱고 단정하셔서 팔각시라 불리시던 시어머니. 유난히도 땀이 많으시고 더위를 못 견디셔서 여름에는 삼베를 폭대로 고쟁이를 지어 입으시고 물수건이 꼭 필요하신 분이셨다. 곱게 빗어 쪽을 지시고 모시고쟁이 속치마와 한산모시로 치마적삼을 입고 나들이 하시던 모습이 지금도 눈에 선하다.

어머니의 장난감은 광목 버선이었다. 버선볼을 받아서 볼[2)]이 해어지면 뜯어내어 다시 기워 신으시곤 하셨는데, 어느 날 친구가 그걸 보고 "어머니 양말 좀 사드려"라고 얘기하길래 "왜 그걸 몰라 버선이 어머니 장난감이야. 그러니깐 나는 고약한 며느리지?" 하니까 어머니께서 웃으시며 "니가 조탕게 나도 조타잉" 하시던 말씀이 잊히지 않는다.

---

2) 볼-버선의 해진 부분을 덧대는 헝겊조각

누구에게나 듣기 싫은 말씀 한번 하시지 않고 자식들에게도 불편하게 하시지 않으시니 자손들이 모두 어머니를 따랐다. 대농의 외딸이시라 독선생을 들여 공부를 하셔서 언문과 한문을 깨우쳐 유식하셨다. 웃으실 때는 얼굴에 홍조를 띠시며 소녀같이 웃으신다. 뺨이 불그레하시고 소리 없이 미소를 지으시는 것이 어린애 같았다.

어머니 돌아가신 후에 입관할 때 빗어드리면서 빠진 머리카락을 작은집 손자가 보관한다고 하고 목도리와 손수건은 우리 작은딸이 지금도 사용하고 있다.

62년을 해로하시면서 두 분께서는 별로 말씀이 없으셔서 "어머니 그렇게 대화 없이 어떻게 사셔요?" 하니까, 젊었을 적에 퇴근하셔서 신문만 보고 계시기에 어머니께서 바느질 바구니를 던지시면서 "저테 뽀짝 앙거서 나가 먼처 그랬지야. 애! 이녁[3]이랑 쌤이라도 한번 함시롱 삽시다. 하고 소락대기 질렀지야. 씨언하등만." 하시니까 아버님께서 "뎁대로 전쟁났깐디 싸워." 하시더란다. 그래서 그 뒤부터는 말씀이 없으시더라도 부위부강(夫爲婦綱) 하고 부부유별(夫婦有別) 하시면서 사셨다고 하셨다.

"어머니 그런데 두 양반은 왜 그리 데면데면하시면서 사세요?"

"금매 그게 말인디야 그 시절에 내 가심이 짚디짚은 시암[4]속 같은 디 내 가심 속에는 요맨한 것이 사랑나무인가 무신 것인지 모르것는디 그거 땜시로 살은 거 같티야. 잔생이[5]도 정이 없는 것 같티야. 괴롭덩만. 2년 묵히고 3년 만에 신행[6]하던 날 뜰방에서 내

3) 이녁-남편을 조금 높여 부르는 말
4) 시암-샘
5) 잔생이도-조금도
6) 신행-신부가 혼례식을 마치고 신방을 치룬 뒤 신랑집으로 가는 의식

려다 봉게로 가마에서 내려 걸어오는 나를 보닝께 시펴렇게 보임시롱 오만정이 뚝 떨어지고, 나빤대기 시커머튀튀하게 보잉 게 두 번 다시 보기가 싫어짐시롱 나를 사돈네 칫간 보듯 했시야. 정지[7]에서 기명을 치고[8] 나오닝게도 무담시리[9] 눈을 흘기고, 속옷을 갖다줘도 맬칼없이 눈을 흘겼당게! 그렁게 우린 공방[10]이 든 것이지잉. 그러닝께 느그 시조모님이 저 젊디 젊은것들 오신도신 살어야 헌디 어찌하끄나 하시면서 혀를 차등만. 그리도 낯짝 한번 찌푸리지 않고 짝소리 없이 사닝께 나를 벨라도 이뻐했씨야."

"그렇게 갤혼 5년 만에 아들을 낳으닝게 돌날 서 말짜리 시루를 사서 팥시루떡을 히서 온 동니 다 돌리고 동리 안암팍이 다 모여 모꼬지[11]를 했당께. 니 시부는 아들 낳았다는 소식을 듣고 그 시절에 지저구[12] 하라고 개성베[13] 한필을 떠가지고 와서 두손 꼭 잡아주고 가등만. 그라고 명절 때만 포도시 집에 얼굴 디밀드라. 내는 그렇게 맴 고상 함시롱 살았구만."

"어머니 나는 참 궁금한 것이 있어요. 그런데 어떻게 애는 생겼어요?"

"오메 아니 궁게 넘 부끄럽다잉~ 남세시럽게 워치께 이약한다냐. 열엿세 날이나 열이레 날이면 봉창에 앞산 소낭구[14]가 걸리는

---

7) 정지-부엌
8) 기명을 치고-설거지를 하고
9) 무담시리-괜히
10) 공방-오랫동안 남편이 아내를 혼자 거처하게 하는 것
11) 모꼬지-잔치에 손님이 모이는 것
12) 지저구-기저귀
13) 개성베-동난 후에 개성에서 피난 내려온 사람들을 중심으로 전북 강경에서 생산된 하얀 면직물

디 도둑맨치로 슬그머니 들어왔는디 손만 잡아도 얼라 생기는 줄 알았당게, 근디 스치듯 지나갔는디 큰아가 생기드만. 나가 애리서 뭘 모릉거 같티야."

"둘째 서방님은 어떻게 생겼어요?"

"갸는 긍게 느그 시조모님이 친정조카 갤혼식이 있어 친정에 가셨는디 사랑에 있다가 도채비 맨치로 실그머니 새벽녘에 잠깐 댕겨갔당게. 근디 생기드라."

"막둥이는요?"

"막둥이 갸는 전주로 재금[15] 남시롱 뒷동산에서 당신 맴대로 소낭구 비어다 물앙물[16]에다 사칸집을 지어 삼시롱 생겨서 어치코롱 생겼는지 몰라야~ 니가 이므렁께 나가 씨잘떼기없는 말 많이 씨부렁거렸구만. 내는 모지락스럽지도 못하고 체신은 쪼깐하지만 맴은 태평양 바다같은디 알아달라고는 안 했지만 니 시부가 알랑가 몰라야."

"어머니! 아버님께서 어머니가 모질지 않고 변함없는 마음씨 때문에 사셨다고 하셨어요."

아이 야야. 사람은 잉 물때허고 썰때를 알아야 한당게." 하고 말씀하시기도 했다.

건강하지 못하신 아버님께는 열부(烈婦)셨다. 고향 뒷산에서 베어 만든 네 다리가 달린 도마가 움푹 패일 정도로 아버님 식사준비에 정성을 기울이시곤 하셨다. 나는 어머니의 그 마음 씀씀이와 솜씨를 감히 흉내도 내지 못했다.

---

14) 소낭구-소나무
15) 재금-부모와 동생들이랑 한집에서 살다가 결혼해서 따로 살림을 나는 것
16) 물앙물-지금의 전주시 완산구 노송동 부근의 옛지명

아파트 14층 화분받이에 흰 비둘기 한 쌍이 매일 오기에 물과 쌀을 한주먹씩 주시고 소일하시며 지내시기도 하셨다.

"아이 야야! 저거 쪼께 봐라 하늘이 가까웅게 그런가비야. 니 시부 간 뒤에 내 맴이 쪼께 그러텅만. 그서 아침에는 기린봉 꼭대기에 해뜨는 거 보고 점심에는 모악산 꼭대기에 해 걸리는 거 봄시롱 지내는디 어느 날 삐들기들이 오드랑게. 그리서 시부 옹거맨치로 반갑등만. 내 맴이 쪼께 거시기 허드랑게."

"어머니 그래서 어떻게 하셨어요?"

"나가 니 시부 봉거 맨치로 매일 옴박지[17] 뚜껑으다 물도 주고 쌀도 한줌씩 줬지! 그러니께 주둥이로 쪼사 먹는 거 봉께로 생전에 니 시부 대하듯 맴이 쪼까 조아뿔더만! 그 양반이 그리도 나를 생각허긴 헌거 같응게. 나가 그리찌야. 어찌요 당신이 우그서 봉게 좋소, 워따 쪼매 갈켜주씨요. 기억이 히미끼리헝게 나가 창세기가 없는가 비야."

나는 어머니를 우리집에 천사가 사신다고 주위 사람들에게 표현했다. 자기 시어머니를 천사라고 표현하는 사람이 누군지 만나보고 싶다고 찾아오는 사람도 있었고, 어머니를 효부상 추천을 해야 한다는 사람도 있었다.

난 남자하고 결혼한 것이 아니라 어머니하고 결혼했다니까, "야야 고맙다잉~ 내는 지금이 질로 조타아." 하고 말씀하시기도 했다.

어머님 보고 싶습니다. 나중에 제가 가거든 모른척하지 마시고 그때에는 딸로 다시 만나서 살고 싶습니다.

---

17) 옴박지-조금 깊이가 있는 옹기 뚜껑

# 멘탈(Mental)피서

한정순
21hjs3@hanmail.net

올여름은 전국이 폭염으로 몸살을 앓는다. 한라산 백록담도 물이 말라 거북등이 되었고, 농작물은 가을 추수 때처럼 물기를 거두었다. 그뿐이 아니다. 바다도 30도를 웃도는 수온에 양식 어류가 떼죽음을 당했다. 태풍도 일본을 관통할 뿐 우리나라는 비켜 갔다. 경북 영천의 최고 기온이 39.4도. 서울에 기상청이 생긴 이래 가장 높은 기온이었다고 한다.

나는 사계절 중에 제일 싫어하는 계절이 여름이다. 여름이 없으면 좋겠다. 피서를 떠날 형편도 아니어서 선풍기 하나로 찜통더위를 견디려니 만만찮은 인내를 요구한다. 더구나 집이 동향이라 해가 뜨면서부터 거실을 지나 주방까지 볕이 들어오는데다가, 맨 위층이고 보니 종일 땡볕에 달구어지면 집안이 온통 찜질방 같다. 가만히 앉아있어도 땀이 줄줄 흐른다. 그 열기가 새벽 2~3시쯤 되어야 조금 식는데, 밤새 열대야로 잠을 설치다가 잠들만 하면 또 해가 든다. 더위에 수면 부족까지 한몫을 해 몸도 마음도 지쳐만 간다. 온 국민이 겪는 일이지만, 유난히 열 체질인 나는 남극이나 북극을 그리워하지 않을 수 없다. 얼음물도 목으로 넘어가는 순간만 시원하다.

오늘도 더위를 어떻게 피할까 생각하고 있는데, 핸드폰에서 카톡 카톡 한다. 열어보니 지인이 시원하게 쏟아지는 폭포의 동영상을 보내왔다. 이것을 보면서 더위를 이기라는 문자와 함께. 6～7m쯤 되는 폭포가 소(沼)로 떨어지면서 내는 물소리가 현장감을 더해 시원함을 느끼게 한다. 오지로 유명했던 삼척 육백산의 이끼 폭포란다. 잠시나마 시각효과 만점이다. 하기야 옛날 선비들도 산수화를 걸어놓고 피서를 대신했다고 하지 않던가. 이야말로 멘탈(Mental) 피서다.

미국에서 4년 만에 다니러온 손자가 "할머니 너무 더워서 잠을 못 자겠어요." 하면서 자정을 넘긴 시간에 피시방으로 가는 것을 보면서도 말리지 못했다. 이럴 때 능력 있는 할미였더라면 에어컨을 빵빵하게 틀어주거나, 유명 피서지로 데려가 더위를 피하게 했더라면 얼마나 좋았을까? 모처럼 온 손자에게 민망할 뿐이다.

그래서 밤낮 문이란 문을 다 열어놓고 산다. 그래도 더위는 피할 길이 없다. 선풍기에서도 더운 바람이 나온다. 그동안 전철 피서도, 극장 피서도 다녀보았지만, 그것도 최선은 아니었다. 그래서 오늘은 집에서 견뎌보기로 했다. 한데 36도를 웃도는 한낮의 더위는 장난이 아니다. 참다못해 수건을 적셔서 냉동실에 넣었다가 어깨에 두른다. 연거푸 그렇게 하면서 컴퓨터 앞에 앉는다. 남의 카페나 블로그에 들어가 세계적으로 이름난 피서지를 찾아 즐긴다. 좋은 글도 읽는다. 멘탈 피서로 시간도 잘 가고, 더위도 잊는다.

우리 집에도 그만한 멘탈(Mental) 피서지가 있다. 그동안 관광지에서 주워온 돌멩이와 조가비들이다. 대부분 강이나 바다에서 주워온 것들이지만, 해외에서 온 것도 더러 있다. 30여 년 주워온 돌멩이들을 일일이 열거할 수는 없지만, 큰 것은 내 주먹만 하고 작은 것은 엄지손톱만 하다. 특히 해외에서는 검색대에서 걸릴까 봐 작은 것을 고르곤 했다. 수석 애호가들처럼 강바닥을 뒤지거나 잘생기고 못생기고 따지지 않았다. 그럴 안목도 없다. 그저 만만하게 손안에 들어오면 되었다.

처음 돌에 매력을 느꼈던 것은 물빛에 반한 괌에서다. 난생처음으로 떠난 해외여행에서 산호도 처음 보았지만, 그것 때문에 물빛이 아름답다는 것도 처음 알았다. 산호가 부서져 고운 모래가 된 바닷가를 걷다가 갓난아기 주먹만 한 산호 하나 주워서 숨겨왔다. 지금도 그것을 보면 비췻빛 푸른 바다가 넘실거리고, 바닥까지 환히 들여다보이던 맑은 물이 손짓을 한다.

그리고 가장 멀리서 온 것은 지난해 미국 씨에라네바다 산맥 다섯 번째 호수에서 건져온 돌멩이다. 이를 보면 해발 4천 미터급 설산들이 성큼 다가선다. 삼면이 설산이었던 골짜기에는 눈이 녹아내려 큰 호수 다섯 개를 만들어 놓았고, 사람이라고는 우리밖에 없었다. 태곳적 고요와 평화가 가득했던 곳. 5월 말인데도 이가 시리도록 차갑던 물맛도 생생하다. 그래서 우리 집에는 파도 소리 들리는 바다도 있고, 강도, 산도, 경치 좋은 계곡도 있다.

깨어져 조각난 모서리를 반질반질하도록 다듬어낸 돌멩이의 인내. 파도에 부대끼면서 구멍이 나도록 씻어낸 조가비의 진실. 내 인격 수양에 본보기들이다.

그렇게 주워온 돌멩이와 조가비가 신발장과 책장, TV앞에 널려 있다. 남들처럼 좌대를 맞춰 편안하게 앉히지도 못했지만, 변함없이 제 고향 산천을 보여주는 그들이다. 여행을 떠나고 싶을 때는 그들을 들여다보면서 백두산도 제주도도 자유롭게 드나든다. 이만하면 멘탈(Mental) 피서로 으뜸 아닌가.

# 부처와의 거래

한정희
hje99@hanmail.net

초파일 아침. 대웅전 앞뜰에 걸린 수많은 연등이 먼저 반겼다. 오월의 나무와 어우러진 연등이 한 폭의 풍경이었다. 그 그림 속에 삼삼오오 모여 안부를 주고받는 신도들이 마냥 평온해 보였다. 나도 풍경의 일부가 되어 연등을 올려다보았다. 등 사이로 내비치는 햇살이 눈부셨다. 풍경이 참 곱다. 너나없이 너그럽고 안온했다. 발 디딜 틈 없는 법당. 옷매무새를 매만지고 부처 앞에 머리를 조아렸다. 삼배를 마치고 막 일어서는데, 며칠 전 카톡에서 본 글이 불상에 겹쳐 떠올랐다.

어느 보살이 카톡에 올린 글의 전모는 이러했다. 큰 사찰에 관음전 낙성식과 새 주지스님이 부임하는 날이었다. 많은 신도가 법당 앞에 모여 주지를 기다리고 있었다. 법회가 막 시작될 무렵이었다. 남루한 차림의 한 남자가 신도 사이를 비집고 법당에 들어서더니 법석에 떡하니 앉았다. 모두 깜짝 놀랐다. 그를 끌어내리려 주위가 소란했다. 그는 다름 아닌 절 입구에서 달포가량 구걸하던 거지였다.

잠시 후, 법당에 들이닥친 그가 대중을 향해 입을 열었다. 거지 차림의 그에게 아무도 따뜻한 말 한마디 없었다. 오히려 그의 시선을 피하고 눈길조차 돌리더라고. 아뿔싸! 거지는 다름 아닌 그 절의 주지로 부임할, 바로 그 사람이었다.

"이 중에 참 불자 누구인가?"

"육바라밀을 배워 제대로 행하는 자 있는가?" 하고 그는 일갈했다. 오로지 부처님 전에 복을 구하러 절에 오지 않았는가. 그것은 부처와 거래를 하고자 함이니 감히 참 불자라 할 수 있겠는가. 전생과 금생에 지은 업보를 참회하라는 부처의 말씀이거늘 어찌 제 복만을 구하려는가. 그는 대중을 향해 한바탕 호소(號召)를 했다.

무심코 읽어 내려가던 중, 턱 걸리는 곳이 있었다. 그저 재미로 지나치기엔 마음이 켕겼다. 거지 행색을 하던 주지의 설문에 의하면 내 모양새가 영락없이 그 꼴이었다. 그야말로 내 속을 훤히 꿰고 있음이었다. 그동안 알량한 시주 몇 푼에 부처께 수없이 주문(소원)을 해댔다. 어디 그뿐이던가. 아들이 대학입시에서 보기 좋게 나가 떨어졌을 때였다. 부처님이 내 소원을 들어주지 않았다고 심통을 부렸다. 심지어 시주가 적어 내 청을 거절당했다는 생각도 했다. 해서 한동안 절에 발걸음을 끊은 적도 있다. 그야말로 부처와 거래하기 위해 절에 다닌 셈이었다. 맙소사 어쩌다 부처와 거래를 하는, 발칙하게 부처 앞에서 꼼수를 부리는 어리석은 자가 되었을까. 그러고도 불자입네 떠벌렸으니 이 노릇을 어이할꼬.

그러고 보니 이 중생은 오늘도 부처님과 거래를 하러 절에 간 꼴이다. 하긴 부처처럼 모든 것을 비우고 내려놓기가 어디 쉬운 일이던가. 어림없는 소리다. 쉴 새 없이 솟는 샘물처럼, 돌아서면 쌓이는 것이 욕심과 번민인 것을. 하지만 어쩌겠는가. 분에 넘치는 복 달라며 거래 아닌 거래를 할지언정 부처님을 자주 찾다보면 그 뜻을 조금이라도 분별하게 될는지. 그리고 스님이 일주문 앞에서 거지행색을 한 깊은 뜻도 조금씩 알아챌 날도 있지 않을까.

법회를 마치고 일주문을 나섰다. 일주문 옆에 하반신이 불편한 중년 남자가 힘겹게 엎드려 있다. 법회가 있는 날이면 거의 그 자리를 지키는 그였다. 오늘은 그에 대한 불편함이 적고 거부감이 덜 했다. 천 원짜리 지폐 한 장을 선뜻 그 사람 앞에 놓고 돌아섰다. 햇살이 참 좋다. 슬며시 웃음이 났다.

부처님, 이건 절대 거래 아닙니다!

# 베이비 인 카(Baby in car)

황덕중
hdj9414@hanmail.net

어느 나라에서는 흰색 차는 노인이 타고 가는 차여서 함부로 추월하지 않는다고 했다. 우리나라는 아직 자가용이 일반화되지 않은 시기에 들은 이야기였는데, 내가 차를 운전하게 된 후에도 가끔 그 이야기가 생각났다. 질서 있고 문화 수준이 높은 나라, 특히 노인을 잘 공경하는 나라로 각인되었기 때문이다.

그런데 그 이야기가 몇 년 전부터는 매우 자주 머리에 떠오르곤 한다. 앞 차 또는 옆 차의 뒤통수에 쓰여 있는 'Baby in car', '아이가 타고 있어요', 'Baby on board' 같은 문구를 볼 때마다 나는 그 이야기가 꼭 생각난다. 그러면서 그 문구들을 내 나름대로 '노인보호', 또는 '경로차량' 같은 문구로 바꿔 보는 버릇이 있다.

차라리 초보 운전자가 애교로 써 붙인, 웃기는 문구라면 좋겠다. '초보', '왕초보'를 지나서 '정말 진짜 왕초보', '답답하시죠? 나도 미치겠어요!!!' 이런 식으로 엉구럭을 떠는 표현은 좀 유치해도 좀 과장스러워도 애교로 보아줄 수가 있다. 그러나 내 차에 내 애기가 타고 있다고 써 붙이고 다니는 것은 애교도 아니고 엉구럭도 아니고 더구나 칭찬받을 일은 아닌 것 같다.

내 차에 내 아이가 타고 있다는 것을 광고하며 다니는 것은 내 차에 나의 귀여운 아이가 있으니 조심해 달라는 의도로 알겠다. 아이는 당연히 보호되고 사랑받아야 한다. 세상에 아기만큼 귀엽고 사랑스럽고 귀중한 존재가 어디 또 있을까? 우리가 국가적으로 사회적으로 또는 개인적으로 풍요롭고 안락하고 평화로운 환경을 만들어 살아가고자 하는 궁극의 목적이, 우리의 아이들을 잘 키워서 더 좋은 나라로 만들어 가자는 것이라고 말하여도 지나침이 없을 것이다. 다함께 노력해야 할 공동의 목적임에 틀림이 없다.

그러함에도 내 귀여운 아기가 내 차에 타고 있으니 조심해 달라고 광고를 하며 다니는 것이 칭찬할 만한 일로 받아들여지지 않는 것은 왜일까? 나의 고루한 편견일까?

옛날에 외국 여행을 한 나의 지인이 하얀 차와 노인에 관한 이야기를 하였듯이, 우리나라를 여행한 어느 외국인이, "한국에 가니까 'Baby in car'라고 써붙이고 다니는 차가 많이 있더라."라고 얘기했다면 그 얘기를 듣는 외국인들은 고개를 끄덕이며 가슴으로 받아들일까 아니면 희희덕거리며 웅성거릴까?

물론 내가 지금 이 일에 대하여 들이대고 있는 잣대가 세대의 구분 없이 또는 가치관의 격차 없이 보편타당한 것은 아니라고 말할 수 있다. 그렇지만 적어도 중년을 넘어선 세대와, 우리의 전통적 가치관에 절반 이상쯤이라도 긍정적인 사람들에게라면, 내가 지금 들고 있는 이 잣대의 삼분의 일쯤을 양보하고라도 말할 수 있는 이야깃거리가 될 수 있다고 본다.

효(孝) 사상 말이다. 우리가 다른 나라들로부터 많이 칭찬받고 있는 우리의 미풍양속인 효 사상은 지금 많이 퇴색되어 있음을 많이 보지만, 우리는 그래도 이 효 사상을 가벼이 해서는 안 된다. 이 효 사상을 바탕으로 해서, 우리 조상들이 살아온 생활 태도 속에는 내 자식을 그렇게 겉으로 드러내서 사랑하지 않는 게 전통이었기에, 그러한 태도가 눈에 거스른다는 것이다.

언제부턴가 인터넷에 돌아다니는, 작자 미상의 4음보 율문이 생각이 난다. '천지인신 하나 되어 이내일신 탄생하니, 부생모육 그 은혜는 태산보다 높고 큰데, 청춘남녀 많다만은 효자효부 안 보이네…' 이렇게 시작되는 가사(歌辭) 형태의 글인데, 중간에 이런 내용이 있다.

'… 시끄러운 아이소리 듣기 좋아 즐기면서, 부모님이 말씀하면 잔소리라 관심 없네, 제자식의 대소변은 손으로도 주무르나 부모님의 흘린 침은 더럽다고 멀리하고, 과자봉지 들고 와서 아이 손에 쥐어주나 부모 위해 고기 한 근 사올 줄을 모르도다…'

요새 젊은이들이라고 모두가 이런 것은 아니다. 우리나라의 경로효친 사상은 워낙 생활 속에 뿌리 깊이 박혀 있어서 젊은이들도 자기도 모르게 은연중에 그리고 습관적으로 자기 부모와 이웃 노인들을 지성으로 모시며 산다. 그러나 어쩌다가 한두 젊은이가 눈에 거스르는 행동을 해서 물을 흐리는 경우가 있고, 가끔 그런 사실을 침소봉대하여 기사로 다루는 바람에, 마치 우리나라는 경로사상이 모두 허물어져버린 듯이 혀를 차는 일이 있을 뿐이다.

그러나 어른들 앞에서는 제 아이를 무릎에도 올려 앉히지 못했던 시절에 비하면, 요즘 젊은이들이 부모나 조부모 앞에서 무릎에 올려 앉히는 게 아니라 아예 핥고 빨고 하며 귀여워하는 것은, 늙은 부모 입장에서 보면 사실 겉으로는 빙그레 웃으며 흡족해 하는 표정이지만, 기실 속으로는 민망함을 속쓰림으로 다스리고 있는 것이다.

선현들의 효행이 지금 봐서는 좀 지나치다 싶은 면도 없지 않다. 부모를 위해서 자식이나 자신을 희생시킨 일, 부모 사후에 3년간 시묘를 한 일 같은 것은 그 때의 가치관으로 봐서는 상 받을 일이지만 지금으로서는 따를 만한 일이 아니다. 그러나 많은 글에 남아 있는 그분들의 경로사상은 요새 봐도 참으로 아름답고 본받을 만한 일이다.

'어버이 살아신 제 섬기길란 다하여라. 돌아간 후이면…' '정철'

'뉘라서 가마귀를 검고 흉타 하돗던고, 반포 보은이…' '박인로'

아무리 여러 번 읽어 보아도 숙연해지는 마음을 어쩔 수가 없다. 이런 시조들을 읽는 순간에 우리의 마음은 인간 본연의 자세를 찾는 것 같다. 풍수지탄(風樹之嘆)의 한 구절 '수욕정이풍부정 자욕양이친부대(樹欲靜而風不停 子欲養而親不待)'는 부모 잃고 후회와 자책에 빠지는 인간의 부족함을 채찍질한다.

'아이가 타고 있어요'가 마음에 걸린다고 이를 탓하고 있는 나의 태도가, 아기 사랑하는 젊은이들의 마음을 거슬렀다면, 이는 내가 사과할 일이다. 하지만 '노인이 타고 계셔요'라는 문구도 더러 보였으면 하는 바람에서 젊은이들의 심기를 건드리게 되어….

# 한 번의 기회

홍승만
smhong4209@naver.com

사람에게는 평생에 3번의 기회가 운명적으로 주어진다고 한다. 그런데 우리들 대부분은 그 운명적인 기회가 언제인지도 모르고 지나친다. 그 순간이 지나간 후에야 '아! 그때의 그것이 나에게 주어진 기회였었나 보다' 하며 돌이켜보기 일쑤다.

영국의 폴 포츠라는 사람은 평범한 휴대전화 판매원에서 일약 세계적인 오페라 가수가 되었다. 그 나라에는 우리나라 '노래자랑'과 같은 오페라 경연대회가 있다. ITV의 '브리튼즈 갓 탤런트 대회'에서 그는 푸치니의 오페라 '투란도트' 중 '공주는 잠 못 이루고'를 열창 관중을 감동시켰다. 이 프로는 2007년도 영국의 TV시청률 중 사상 최고의 기록을 올렸다. 이를 계기로 음반을 발매하게 된 폴 포츠는 첫 앨범 제목을 'One Chance'라 정했다.

기차를 타는 승객은 가고자 하는 목적지를 종착지로 하여 표를 끊는다. 정해진 길을 차에 의존해 가는 것이다. 우리들 삶의 길도 차표만 끊으면 가게 되는 것이라면 얼마나 좋을까. 갈 곳이 어디인지 어떻게 가야 하는지 아무도 말해 주는 이가 없다. 그러나 다행스럽게도 각자는 가고 싶은 길과 가고자 하는 목적지를 꿈이란 이름을 지니고 이를 실현 하려 노력하며 산다.

꿈…, 나의 꿈은 가난으로부터 해방이 첫째였다. 모든 경제적 여건을 혼자서 해결해야만 했던 학창시절에 아픔을 후대로 이어지게 하지 말자는 다짐을 하게 했다. 때마침 '우리도 한번 잘 살아보세!' 라는 새마을 운동가가 전국 방방곡곡에 울려 퍼져 아침잠을 깨워주던 시대, 평소 무역업을 동경해오던 나에게 우연한 기회를 접하게 되었다. 어느 날, 친구 사무실에 온 일본인으로부터 바다낚시 밥(미끼)이 갯벌에 사는 갯지렁이라는 정보를 전해 듣게 된 것이다. 어릴 적 고향 갯골에서 게 잡이, 조개잡이를 할 때 한두 마리씩 손에 걸려오던 퍼런색의 지렁이를 기억하면서 이 미물이 일본에서 낚시 미끼로 쓰이고 있다니, 생각만 해도 흥분이 되었다.

당시 우리나라의 수출실태는 완구, 봉제품, 가발 등이 주를 이루고 수산물은 원양어업이 주축이었고, 국내 수산물로는 조미오징어, 염장 미역, 톳 등 해조류와 백합, 피조개 같은 조개류 등이 다였다. 제조업은 물론 모든 업종이 기술 수준이 미약했던 시대였으므로, 특별한 기술이나 자본을 필요로 하지 않는 일차산품의 수출은 사업을 쉽게 시작할 수 있는 좋은 기회였다. 신은 인간에게 잘 익은 과일만을 선물하지는 않는다. 자연의 섭리 속에서 기회를 마련해 줄 뿐, 씨 뿌려 가꾸고 키우는 실천은 인간의 몫으로 과제를 주는 것이라 생각한다. 갯벌의 지렁이가 가난의 극복을 약속할 수 있게 하는 신이 주신 선물이란 믿음으로 서해안 어촌의 한 마을, 한 마을을 갯지렁이 생산지로 개발하는데 주력했다. 드디어 일본으로부터 첫 주문을 받은 그해 3월, 항공편으로 우리나라 갯지렁이를 수출하는 길이 열렸다.

처음 수출가격은 킬로그램 당 2달러정도로 출발시점에는 적정가격을 결정할 만한 시장정보가 매우 빈약했으나 시간이 가면서 수출량도 늘어났고 소비시장의 정보도 얻게 되어 바이어(buyer)들의 횡포를 예방하는 제도적 장치를 도입하면서 2-3년 내에 가격은 여덟배나 높여 받게 됐다. 시장도 유럽 대륙에까지 넓혀 프랑스, 이태리에서까지 한국 갯지렁이가 최고의 인기를 누렸다. 서해안 일대 강화도에서 충청도와 전라도, 경상도에 이르기까지 갯벌이 있는 곳마다 갯지렁이 생산이 주업이 됐고 그렇게 늘어난 소득이 가져다준 변화로 마을마다 가난이 사라지고 대학생 수도 늘어났다.

빛은 그늘진 곳의 어둠을 밝혀준다. 서해바다 갯마을에 대를 이어오던 가난이라는 어둠이 걷히는 데는 조물주가 내려준 갯지렁이라는 미물이 빛이 되어 미래를 밝히고 있다고 말하고 싶다.

한 번의 기회는 우리 삶속에 늘 공존하는 숨겨진 보물 같은 것이다. 축구나 농구 운동에서 선수들이 슛 찬스를 골로 연결하면 승리의 영광을, 실축하거나 패스 미스를 하면 한순간에 패배의 아픔을 안게 된다. 한 번의 기회, 원 찬스는 열정적으로 땀 흘리는 실천자에게 주는 신의 선물이 아닐까.

# 덧 칠

홍미숙
hongessay@hanmail.net

오늘도 덧칠을 한다. 부족함을 채우기 위해 덧칠을 하면서 살아가고 있다. 얼굴에 분칠을 하듯 내 인생에 덧칠을 한다. 하지만 그 덧칠이 분칠이 되고 있는지는 모르겠다. 덧칠이 분칠이 되기 위해서는 내게 뭐가 부족한지를 우선 알아야한다. 넘치는 데다 계속 덧칠을 해봐라. 떡칠이 되고 말 것이다. 무엇이 부족한지, 부족한 데가 어디인지 찾아내는 게 가장 중요하다.

'반 고흐에서 피카소까지' 미술전시회가 열리고 있어 그 전시장을 찾았다. 그림에 대해 잘 모르지만 그림 구경하는 것을 좋아한다. 감상법도 모르면서 명화 앞에 서면 가슴이 쿵쿵거리고, 눈물이 흐를 때가 있다.

이번에 우리나라에서 전시되고 있는 작품들은 미국의 오하이오주의 클리블랜드 미술관에 소장되어 있는 4만여 점의 작품 중 94점이다. 19세기 말에서 20세기 초에 형성된 서양 미술의 흐름을 보여

주는 유럽의 미술과 조각 작품들로 구성되어 전시되고 있다. 그래도 눈에 익은 작품들이 있어 아주 낯설지는 않았다.

르누아르의 '로맨 라코양의 초상', 반 고흐의 '생 레미의 포플러', 모네의 '빨간 스카프를 두른 모네 부인', 모딜리아니의 '여인의 초상', 고갱의 '파도 속에서'의 작품 앞에서는 감동이 밀물처럼 몰려왔다. 그밖에 로댕의 조각 작품인 '생각하는 사람'을 비롯하여 마네, 세잔느, 피카소, 마티스 등의 작품 앞에서도 가슴이 뛰었다.

전시된 작품 하나하나에 눈 맞춤을 빼놓지 않고 했다. 그러느라 관람하는데 시간이 꽤 오래 걸렸다. 작품을 완성하기 위해 노력했을 화가들과 조각가들을 생각하는데도 시간을 많이 할애했다. 작품 하나를 남긴다는 게 보통 힘든 일이 아니기 때문이었다.

입체파의 거장 피카소 작품은 언제 봐도 이해하기 어려웠다. 명암만 겨우 느낄 수 있었을 뿐이다. 덕분에 상상력은 많이 키워졌다. 여러 작품들 중에 후기 인상주의 화가인 반 고흐(1853~1890)의 작품 앞에서 가장 많은 시간을 보냈다. '해바라기'로 유명한 그지만 그가 세상을 떠나기 전 입원했던 생 레미에 있는 정신 병원에서 그린 '생 레미의 포플러'와 '큰 플라타너스'는 나에게 많은 생각을 하게 만들었다.

'생 레미의 포플러'도 인상이 깊었지만 '큰 플라타너스 나무' 앞에서는 발을 옮기기 더욱 어려웠다. 이 작품은 그가 세상을 떠나기 1년 전에 그렸다. 최후의 습작이라는데 매우 걸작이었다. 누구라도 이 작품을 보면 살아 움직이는 것 같은 나무의 느낌에 압도당하고 말 것이다. 캔버스가 없어서 다이아몬드 무늬가 있는 이불 조각에 그림을 그려 남긴 작품이다. 큰 나무들이 용틀임을 하듯 위용이 있어 반 고흐의 예술혼이 그대로 깃들어 있는 것 같았다.

반 고흐는 고갱과의 갈등 후 자신의 한 쪽 귀를 잘랐다. 예술가의 기질이 발동했다고 보기에는 마음이 좀 아프다. 그 후 반 고흐는 사람들에게는 배신을 당한 적이 많으나 나무들에게는 배신을 당한 적이 한 번도 없다면서 '이 땅의 주인은 나무다'라는 명언을 남겼다. 나는 그의 말에 가슴이 찡했고 공감이 갔다. 그래선지 반 고흐는 말년에 들면서 자연 속에 있는 나무들을 주로 그렸다.

반 고흐의 작품 중에 '해바라기'를 제일 좋아하고 있지만 이번 전시장에서는 '생 레미의 포플러'와 '큰 플라타너스 나무'에게 관심이 자꾸 갔다. 유난히 덧칠이 많이 된 두 작품을 감상하면서 그의 힘들었던 삶이 떠올라 마음이 아팠다. 그는 마지막으로 이 그림들을 그리면서 본인의 인생도 덧칠을 하고 싶었을지도 모른다.

반 고흐의 작품을 감상하면서 내 인생을 되돌아보았다. 주위에 보면 '수채화처럼 살고 싶다'고 말하는 사람이 종종 있다. 얼마나 맑고 깨끗한 삶인가? 누구나 그런 생각을 한 번 쯤은 해 보았을 것이다. 수채화 같은 인생! 그렇지만 나는 도저히 그런 삶을 살아갈 자신이 없다. 뭐든 한 번에 되는 일이 거의 없기 때문이다. 몇 번, 아니 몇 십 번에 걸쳐 해야만 하나를 겨우 이룰 수 있다. 그러니 내 인생은 수채화하고는 거리가 멀다.

내 인생은 수채화보다 유화가 어울린다. 유화는 수채화와 달리 수없이 덧칠을 할 수 있다. 그림이 마음에 안 들면, 그림이 마음에 들도록 덧칠을 하여 바꿀 수 있다. 밑그림과 아주 다른 그림을 그려낼 수도 있다. 그게 유화의 매력이다. 그런 유화가 내 인생과 맞다. 끊임없이 덧칠을 해대야하는 게 내 인생이기 때문이다. 그러므로 내게 필요한 것은 수채화물감보다 유화물감이다.

내 인생의 밑그림은 내가 태어나면서 부모님이 그려주셨다. 그 위에 하루도 거르지 않고 덧칠을 하면서 살아왔다. 그동안 덧칠을 수도 없이 했다. 삶에 시행착오를 잘 일으키니, 부모님이 그려주신 밑그림의 형태가 보이지 않게 되었을지도 모른다. 이것도 그려보았다가, 저것도 그려보느라 무수히 많은 덧칠을 했다. 내 인생의 화폭에게 미안할 따름이다. 나는 도전하는 삶을 좋아한다. 그렇기 때문에 실패도 많이 한다. 그러니 부모님이 그려주신 밑그림 위에 이것저것 덧칠이 되어 있을 수밖에 없다.

반 고흐의 그림을 보면 입체감이 선명히 드러난다. 다른 화가들의 그림보다 덧칠이 두껍게 되어 있음을 알 수 있다. 내 인생의 화폭에도 반 고흐의 그림 못지않게 덧칠이 두껍게 칠해져있다. 내가 '수채화처럼 살고 싶다'는 말을 안 하고 살아온 게 천만다행이라 생각한다. 내 인생을 어느 정도 예측했었나보다.

화가들은 수많은 화폭에 그림을 그려 작품을 남긴다. 하지만 나는 내 인생의 화폭 하나에만 작품을 그리고 있다. 그런데도 제대로 그려지지 않아 절절매고 있다. 인생이란 화폭이 워낙 커서 그런지는 모르나 내 그림이 완성 되려면 멀었다. 요즘도 덧칠만 하염없이 해대고 있다. 벌써 반세기 넘게 덧칠을 해대며 살아왔다. 욕심 같아서는 명화를 남기고 싶은데 아직은 작품이 어설프기만 하다.

앞으로 내 인생의 화폭에 얼마나 더 많은 덧칠을 하면서 살아갈지는 모르겠다. 그저 욕심을 잠재우고 그림을 그려나가려 한다. 덧칠 두께가 두꺼워도 할 수 없는 노릇이다. 그만큼 삶의 흔적이 많아 그런 것으로 위안을 삼을 수밖에 없다.

누군가 내가 그려낸 그림을 감상하면서 미소라도 띠었으면 좋겠다. 가슴이 쿵쿵거리고 감동의 눈물을 흘리게 하는 그런 작품까지는 바라지 않는다. 미소정도만 띨 수 있으면 대만족이다. 오늘도 나는 희망을 가지고 내 인생의 화폭에 덧칠을 힘차게 하고 있다.

# 다듬이 소리

허열웅
hur9730@hanmail.net

금빛 모래톱에 기러기 사뿐히 내려앉는 평사낙안(平沙落雁)의 마을 하동 평사리.

한국수필가협회 회원들과 함께한 문학 여행 중 박경리 소설 〔토지〕의 배경인 하동 최참판 고택에 들어섰다. 마침 그때 중문채 마루에 놓여있는 다듬이로 여자 회원들이 마주 앉아 다듬이질을 연습하고 있었다. 또닥또닥 또그닥 또그닥… 깊어가는 가을에 듣는 다듬이 소리는 가슴을 흔들어 고향의 아름다운 무늬를 만들게 했다. 어렸을 때 나는 다듬이 소릴 아주 좋아했다. 처음엔 자진모리로 시작된 다듬이 소리가 시간의 흐름에 따라 중중모리로 느려지는가 싶으면 어느새 휘모리로 바뀌어 절정으로 치솟았다. 끊어질 듯 이어지다가 솟구치던 다듬이 소리 따라 내 가슴도 함께 오르락내리락 뛰었다.

최참판댁 중문채에서 울려 퍼지는 다듬이 소리는 내 유년의 추억을 떠오르게 했다. 현대문명은 세상에 없던 수많은 소리를 탄생시켰다. 비행기의 굉음, 시도 때도 없이 울려대는 자동차의 경적, 고층빌딩 쌓아올리는 공사 소리 등은 귓속 달팽이관을 짜증스럽게 만든다. 반면에 그리운 옛 소리 중, 소달구지 소리, 도리깨질 소리, 쇠담금질하는 대장간 망치소리, 방아 찧는 소리, 다듬이 소리, 등 정취가 넘쳐흐르고 음색이 정겨웠던 소리는 사라진 지 이미 오래다.

어머니와 형수가 마주 앉아 내는 다듬이 소리는 서로가 다른 것 같았다. 또닥또닥 달래는 듯한 어머니 방망이 소리에 맞받아 또그닥 또그닥 뭔가 불만이 섞인 엇박으로 두드리던 형수의 방망이였다. 큰 누나와 형수가 마주 앉으면 서로 시샘하는 듯 방망이가 어깨 뒤로 넘어가 소리가 요란한 것도 같았다. 그땐 나도 모르게 가슴이 두근거렸다. 어머니와 큰 누나가 마주 앉으면 두꺼운 천을 두드리듯 부드럽고 가락도 잘 맞아 편안해졌다. 또닥또닥 또그닥또그닥 그렇게 적멸을 가르며 내는 소리 따라 방안의 등잔불이 고요히 흔들리고 문풍지도 옯게 울었다.

자연의 소리에 가까운 다듬이 소리는 단순히 옷의 주름을 펴는 소리에 머물지 않고 삶의 구김살까지 펴주고 때로는 고부갈등도 해결해주는 소리이기도 했다. 어린 나이였지만 어머니와 형수 그리고 누나가 다듬이질을 하면서 친해졌으면 좋겠다는 생각을 가끔 했다. 그래도 함께 두드리는 소리의 높낮이와 박자가 약간 다를 뿐 음악적 구조를 갖춘 리듬은 타악기에 손색이 없는 아름다운 소리였다.

예로부터 우리나라 시인들은 물론 중국 시인들도 다듬이 소리를 시의 소재로 즐겨 썼다. 만해 한용운은 감옥까지 들려오는 다듬이 소리를 소재로 한 시 '침성(砧聲)'을 발표하여 일제의 침략 행위를 비판했고, 백거이(白居易)는 다듬이 소리를 통해서 어머니를 추억했다. 시인 오탁번은 '건넛마을 다듬이 소리가/ 눈발 사이로 다듬다듬 들려오면 보리밭 보리는 봄을 꿈꾸고/ 새앙쥐 같은 아이들도 잠이 든다.'고 노래했다.

최근엔 나태주시인이 펴낸 『슬픈 젊은 날』에 실린 다듬이질 소리에서 부잣집과 가난한 집의 다듬이질 소리가 다르다고 표현했다. 부잣집에서는 비단을 두드리며 '다다곱게 다다곱게' 소리를 내고, 가난한 집 무명빨래는 기운 곳이 많아서 '붕덕수께 붕덕수께'로 들린다고 했다. 비록 메타포어(Metaphor)로 시를 썼다고 하지만 읽고 나니 씁쓸함이 깃든다.

그 뿐이 아니다. 어느 두엣 가수는 음반의 가사에서 '시어머니 다듬이 소리는 뚝딱뚝딱 뚝딱뚝딱, 며느리 소리는 똑딱똑딱 똑딱똑딱/ 잘도 넘어가네'라고 노랠 불렀다. 피아니스트 임동창은 다듬이 소리를 연주하기 위해 피아노를 개조하기까지 했다고 한다. 다듬이 소리는 서민의 애환과 고유의 향수가 베어나는 순수한 우리의 가락이다. 또닥또닥 또그닥 또그닥 소리를 내는 다듬이 소리에는 어머니의 들숨과 날숨은 물론 회한이 배어 있었다. 늦은 밤까지 들려오던 다듬이소리는 동구 밖까지 멀리 번져 늦은 밤 마실 갔다 돌아오는 어둔 모퉁이 길도 무섭지 않았다. 어머니가 우는 애기를 어르고 달래주던 토닥토닥 소리와도 유사하여 더 포근하고 아늑하게 들려왔다.

겨울 밤 창호지 문밖에는 사~락 사락 눈이 내리고 산 밑 방죽에서는 살얼음 죄는 소리 들려오던 밤, 휘영청 밝은 달빛타고 싸리 울타리 넘어가던 다듬이 소리, 어둔 허공을 흔들어 깨우며, 그 울림이 만드는 동심원은 둥그렇게 번져가 내 마음 깊은 곳까지 닿았다. 밤이 깊을수록 구김살은 환하게 펴지고 덩달아 고부갈등도 사라지던 다듬이 소리는 우리의 귓전에 환청만 남긴 채 영영 세월 속으로 사라지고 있어 안타깝기만 하다. 옛날 평화롭고 행복한 가정에는 세 가지 소리가 들려 나와야만 한다고 했다. 안채에선 청명한 다듬이 소리와 더불어 애기 울음소리, 그리고 사랑채에서 흘러나오는 글 읽는 맑고 낭랑한 목소리였다.

나이가 들면 젊었을 적보다 쉽게 마음이 허전하고 우울해진다. 이미 할아버지가 된 나이이지만 어머니가 마냥 그리울 때가 가끔 있다. 고요가 똬리를 틀어 아주 작은 소리 하나 들리지 않는 막막함에 묻힐 때 '어머니' 하고 불러본다. 대답으로 아무소리라도 들렸으면 하는 순간, 또닥또닥 또그닥 또그닥 추억 속으로 사라져간 정다운 다듬이 소리와 함께 '얘야!' 하며 부르던 다정다감했던 어머님의 목소리가 멀리서 아스라이 이명(耳鳴)으로 쟁, 쟁, 쟁 들려오는 것 같았다.

# 어미의 기도

최손덕

새벽기도를 간다. 내딛는 발걸음이 오늘은 한결 가볍다. 감사하다는 말이 절로 나온다. 눈에는 환희의 눈물인가 안도의 눈물인가 뺨을 타고 두르르 구르더니 이내 날아간다. 하늘로, 하늘로 그렇게 꿈틀거리던 내 창자가 다소 가라앉는다. 딸에게 생긴 종양이 악성이란 진단을 받던 날부터 나의 창자가 스멀스멀 꿈틀거리기 시작했다.

딸의 대장에 종양이 생겼다는 말을 듣는 순간 농담이란 생각밖에 들지 않았다. 아흔 중반의 어머니도 아닌 딸이 암이라니, 익은 감도 떨어지고 풋감도 떨어진다는 옛말이 이번 일을 두고 할 수 있는 말이 아닌가 싶다. 또 호랑이에게 물려가도 정신만 차리면 산다는 말이 떠오른다. 먼저 어미가 정신을 차리자. 정신을 차리기 위해 새벽기도를 나가기로 작정했다.

문학이란 험한 길을 철부지 딸에게 이끈 철없고 어리석은 어미다. 인생은 자기 선택인 것을, 선택의 여지도 주지 않고 어린아이에게 암암리에 문학이란 큰 짐을 실어준 것이 오늘따라 후회막급이다. 돌이켜보면 딸은 그 짐에 눌리고, 또한 강박관념에 싸여 직장생활(교사)도 할 수 없었는지 모른다. 엄마의 욕심 때문에 딸이 고통 속에서 헤맨다고 생각하니 몸 둘 바를 모르겠다. 내가 할 수 있는 길은 오로지 기도다. 그래서 새벽기도를 택하고 아침을 밝힌다.

그 옛날 시어머님과 친정어머니께서 정안수를 떠놓고 자식들이 건강하고 무탈하도록 기도하시는 것을 보았다. 내 가정에 풍파가 밀려올 때마다 언제나 어머님의 기도가 모든 액을 막아 주리라 여겼다. 막연한 기대는 언젠가부터 난제가 잘 해결되리라는 신념으로 바뀌었다. 믿고 또 믿었다. 어머님의 기도 은덕으로 오늘의 우리가 존재하는지 모를 일이다. '지성이면 감천'이고, '어머니의 기도가 하늘 문을 연다'고 했다.

아이들을 기를 때 아프면 대신 아파줄 수 없을까 하는 어미의 심정이었다. 엄마들은 하나같이 같은 마음으로 아이와 함께 아파했다. 배가 아픈 아이 배를 손으로 문질러주면서 '엄마 손은 약손이다' 애절한 기도를 하면 아이들은 스르르 잠이 들고 한잠을 자고나면 아픔에서 벗어나기도 했다. 딸이 둥지 지어 떠난 지도 30년이 가까워 온다. 그럼에도 아픔 앞에서는 두어 살 때 홍역을 앓아 모녀가 한 밤을 꼬박 샌 그날인 듯, 그때의 심정과 다를 바가 하나도 없다. 아픈 딸을 보니 그간(결혼한 지 27년) 멀게만 느껴졌던 지난날들이 좁혀오며, 품안에 자식 같고, 비로소 내 딸 같다.

입원하는 날 딸네로 갔다. 그동안 쓴 시(詩)를 제 딸에게 만일을 위해서 유고집으로 부탁했다는 말을 듣는 순간 별소리를 다한다고 핀잔은 주면서도 안절부절못했다. 무거운 짐을 실어준 것을 자책하고 있는 어미를 아는 딸은 "일상 속에서 백 년 사는 것보다 시 속에서 오십 년 산 것이 더 행복했다."라고 하면서 "궂은일은 겹치기 마련인데 모두 조심해야지, 엄마 걱정 끼쳐서 미안해요." 나를 걱정하는 딸의 진심이 그간 티격태격 했던 지난날을 물거품처럼 사그라지게 한다. 또한 시의 세계에서 50년 산 세월이 원망이 아니라 찬미한다는 것을 듣는 순간 다소 위안이 되었다. 그래 움츠렸다가 더 멀리 뛰어라. 거센 파도 뒤에는 잔잔하고 고요한 평화의 물결이 있단다.

수술 후 마취에서 깨어나면 아프다고 몸부림칠 줄 알았는데 '아야' 소리 한 번 내지 않는다. 인내와 고집이 무의식중에 나타난 것인지 강한 맏이의 힘인지 모르겠다. 비몽사몽간에 잠이 오는지 자꾸만 눈을 감는다. 담당의사는 수술 후 8시간 동안 환자를 재우지 말라고 했다. 사위와 손녀와 막내딸 그리고 나, 우리는 팔과 다리를 주무르면서 잠을 깨우고 다소나마 아픔을 덜어주려고 애를 썼다. 아픔보다 더 참기 어려운 것이 잠인 것 같다. 책을 읽어 달라고 잠꼬대처럼 모기 소리를 낸다. 사위는 성경책 잠언을 읽기 시작했다. 가족들의 극진한 사랑으로 회복이 빨랐다. 항암치료라는 큰 과제를 안고 퇴원했다.

간절히 바라는 원을 이룰 방법이 없을 때 애절한 기도가 필요하다.

"부족한 저에게 귀한 딸을 주셨는데 합당한 어미가 되지 못해 참회하면서 기도합니다."

아침마다 반복하는 어미의 기도다. 개종이 쉬운 것이 아니라는데 며느리 권유로 개종을 작정했던 나는 공부 못하는 학생 가방 들고 왔다갔다, 하는 것과 다를 바가 없는 부족한 신앙생활이었다. 그래서인지 딸을 통해 기도하는 바른 자세를 가르쳐 주시는 것 같다.

오늘아침 기도 중 잔잔했던 내 창자가 대 이동을 하는지 한참 요동을 친다. 창자가 이동하여 제자리를 찾으면 딸도 좋아지겠지, 감사의 눈물이 뺨을 타고 흐른다. 자식은 어미의 간 줄에서 떨어져 분신이 된다더니 너와 내가 둘이 아니라 하나임을 실감한다.

새벽기도가 부족하면 저녁기도로 또 금식기도도 하리라. 마른 가지에 꽃이 필 때까지.